Palvonta Hengessä ja totuudessa

Hengen miekka -kirjasarja:

1 *Toimiva rukous*
2 *Hengen tunteminen*
3 *Jumalan hallintavalta*
4 *Elävä usko*
5 *Jumalan kirkkaus seurakunnassa*
6 *Palveleminen Hengessä*
7 *Isän tunteminen*
8 *Kadotettujen tavoittaminen*
9 *Jumalan kuunteleminen*
10 *Pojan tunteminen*
11 *Pelastus armosta*
12 *Palvonta Hengessä ja totuudessa*

www.swordofthespirit.co.uk

Copyright © 2019 Colin Dye
ISBN: 978-1-912296-17-0

Ensimmäinen painos
Kensington Temple
KT Summit House
100 Hanger Lane
London, W5 1EZ

Kaikki oikeudet pidätetään. Tämän julkaisun tai sen osan jäljentäminen tai tallentaminen ilman tekijän kirjallista lupaa painamalla, monistamalla, äänittämällä, sähköisesti tai muulla tavoin on tekijänoikeuslain mukaisesti kielletty.

Raamatun lainaukset ovat vuoden 1992 käännöksestä, ellei toisin mainittu.

Suomennos: Christina Kotisaari
Taitto: Marko Joensuu
Kansi: Yewhung Chin

Hengen miekka

Palvonta Hengessä ja totuudessa

Colin Dye

Sisällysluettelo

Johdanto		7
1	Isän aloite	11
2	Ylistys ja palvonta	27
3	Palvonta Vanhassa testamentissa	43
4	Palvonta Psalmien kirjassa	61
5	Palvonta Uudessa testamentissa	75
6	Palveleminen ja palvonta	93
7	Antaminen ja palvonta	105
8	Iloitseminen ja palvonta	121
9	Palvonta ja luovuus	135
10	Pyhä Henki ja palvonta	151

Johdanto

Nykyajan yhteiset palvontahetket, jumalanpalvelukset, eroavat toisistaan todennäköisesti enemmän kuin koskaan aiemmin seurakunnan historiassa.

Ei tarvitse mennä kuin 30 vuotta taaksepäin, niin useimmat anglikaanisten kirkkojen jumalanpalveluksista pohjautuivat vuoden 1662 rukouskirjan ympärille, useimmat roomalaiskatoliset jumalanpalvelukset olivat latinaksi ja useimmissa vapaissa seurakunnissa jumalanpalvelukset sisälsivät paljon hengellisiä lauluja ja rukousta. Lähes kaikkia jumalanpalveluksia johti tunnustettu pappi/pastori, musiikki soitettiin pääasiassa uruilla, eikä naisia ollut johtavassa asemassa. Vaikka eri kirkkokunnilla olikin omat laulukirjansa, niissä oli hyvin samankaltaisia lauluja – vain hyvin harvoissa seurakunnissa laulettiin moderneja hengellisiä lauluja.

Viimeisten neljänkymmenen vuoden aikana seurakuntien palvontatavoissa on kuitenkin tapahtunut suuri muutos. Jumalanpalveluksista on esimerkiksi tullut vähemmän muodollisia, niitä johtavat nyt muutkin kuin vain seurakunnan papit/pastorit ja niissä käytetään useita eri soittimia. Lisäksi niissä on moderni liturgia ja sekaisin uusia ja perinteisiä lauluja.

Vaikka näihin muutoksiin ovatkin vaikuttaneet länsimaisen yhteiskunnan muuttuminen vähemmän muodolliseksi sekä Beatlesin jälkeisen sukupolven musiikkimaku, ne ovat myös olleet seurausta siitä aidosta työstä, jota Pyhä Henki on tehnyt "karismaattisen herätyksen" kautta.

Tämä on saanut aikaan paljon keskustelua (ja erimielisyyttä) armolahjojen asemasta, naisten roolista, liturgian ja spontaanisuuden tasapainosta, tanssin ja draaman käytöstä, siitä milloin ehtoollista tulisi viettää, eri

Palvonta Hengessä ja totuudessa

jumalanpalvelustavoista, hyväksyttävistä musiikkityyleistä ja niin edelleen.

Paljon vähemmän huomiota on kuitenkin omistettu palvonnan merkitystä avaaville raamatullisille periaatteille. Keskittymällä muodollisuuksiin sisällön sijaan ja nykyaikaisiin yksityiskohtiin raamatullisten periaatteiden sijaan jotkut seurakunnat ovat sekoittaneet oikean raamatullisen tärkeysjärjestyksen.

Tämä kirja onkin siksi tarkoitettu uskoville, jotka ovat innokkaita opiskelemaan Jumalan Sanaa oppiakseen, mitä palvonta hengessä ja totuudessa on. Tämä on kirja kristityille, jotka haluavat pureutua tyylistä ja muodollisuuksista käytävien kiistojen taakse siihen, mitä palvonnalla Raamatussa tarkoitetaan, ja jotka haluavat löytää Jumalan ikuisia periaatteita siitä, miten hän haluaa meidän vastaavan armoonsa.

Oppimisen tueksi on myös olemassa oheismateriaalia, jonka löydät vastaavasta *Sword of the Spirit Student's Handbook* -käsikirjasta sekä nettisivulta *www.swordofthespirit.co.uk* (englanninkielisenä, suom. huom.). Käsikirjassa on täydentävää opetusta tämän kirjan jokaisesta luvusta sekä *keskustelunaiheita* ja *tietovisoja*. Kun rekisteröidyt nettisivulle, saat käyttöösi lisää tietovisoja ja kokeita. Nettisivulta löydät myös tämän kirjan tekstin, jossa on linkit kaikkiin tekstissä esiintyviin Raamatun jakeisiin, sekä ääni- ja videotiedostoja. Nämä lisämateriaalit auttavat sinua kertaamaan, painamaan mieleesi ja soveltamaan tässä kirjassa oppimiasi asioita.

Voit myös käyttää *Student's Handbook* -käsikirjaa pienryhmissä. Valitse rukoillen ne osiot, joiden uskot parhaiten soveltuvan omalle ryhmällesi. Joissakin tapaamisissa voitte siis käyttää kaikkea käsikirjan materiaalia ja toisissa vain osia siitä. Käytäthän maalaisjärkeäsi ja hengellistä näkökykyäsi. Voit myös vapaasti kopioida näitä sivuja ja jakaa niitä johtamillesi ryhmille.

Rukoukseni on, että päästyäsi tämän kirjan loppuun olet alkanut ymmärtää, että raamatullinen palvonta on niin paljon

Johdanto

enemmän kuin vain se, mitä teemme sunnuntaisin kirkossa, ja käsittää, että Jumala haluaa, että pyhä pelko ja ihaileva rakkaus motivoivat aivan jokaista sanaasi ja tekoasi.

Vielä tätäkin enemmän rukoilen, että olet saanut innoituksen nostaa Jumalan palvomisen tärkeimmäksi asiaksi elämässäsi. Ruoki mieltäsi hänen totuudellaan, anna hänen kauneutensa sytyttää mielikuvituksesi, vapauta itsesi hänen rakkaudelleen, noudata hänen täydellistä esimerkkiään ja omista tahtosi tiukasti hänen tarkoitusperilleen – nauti Jumalasta ja palvo häntä kokonaisvaltaisesti hengessä ja totuudessa.

Colin Dye

Osa 1

Isän aloite

Tämän *Hengen miekka* -kirjasarjan kahdennentoista osan nimi on lainattu eräästä raamatunjakeesta – nimittäin Jeesuksen sanoista syntiselle naiselle, jonka hän tapasi kaivolla Sykar-nimisessä kaupungissa. (Suom. huom. Vuoden 1938 ja 1992 raamatunkäännöksissä on palvonnan sijaan käytetty sanaa "rukoilla". Esimerkiksi Raamattu Kansalle -käännöksessä puhutaan kuitenkin englanninkielisten käännösten tapaan palvonnasta.)

Jeesuksen evankelioivasta kohtaamisesta tämän naisen kanssa kerrotaan Johanneksen evankeliumin luvussa 4. Kirjassa *Kadotettujen tavoittaminen* havaitaan, että Jeesus avasi keskusteluyhteyden tähän naiseen asettamalla itsensä asemaan, jossa hän oli velkaa naiselle, että hän herätti naisen uteliaisuuden viittaamalla johonkin, mikä oli naisen nykyistä kokemusta tyydyttävämpää, ja että hän haastoi sen, mikä oli keskeisin asia naisen elämässä.

Vaikuttaa siltä, että Jeesuksen asettama haaste osui liian lähelle, sillä jakeessa 20 nainen yrittää uskonnollisella selityksellä kääntää huomion pois itse aiheesta. Juutalaisilla ja samarialaisilla oli eri käsitykset uskonnosta – erityisesti siitä, mikä on oikea paikka palvoa – ja nainen käytti tätä harhautuskeinona.

Jeesus ei tästäkään huolimatta sivuuttanut naisen kysymystä, vaan jakeissa 21–24 hän ottaa kantaa naisen kyselyihin sanoilla, jotka selventävät kertakaikkisesti sen, että Isä on etusijalla kaikessa palvonnassa.

Jeesuksen sanat tälle siveettömälle pakanalle paljastavat, millainen sydän Jumalalla on kaikkia syntisiä ihmisiä kohtaan ikuisesti. Jeesus julisti, että Isä etsii oikeita palvojia – että Isä

Palvonta Hengessä ja totuudessa

etsii syntisiä miehiä ja naisia, jotka palvovat häntä hengessä ja totuudessa.

Kuten monen muunkin tässä kirjasarjassa tarkastellun asian kohdalla on todettu, myös palvonta tapahtuu täysin Isän aloitteesta. Se on hänen tahtonsa ja hänen suunnitelmansa. Juuri hän etsii aktiivisesti rukoilijoita itselleen, vetää uskovia palvomaan itseään ja vakuuttaa meille tiukasti, että tämä on hänen tahtonsa meidän elämäämme varten.

Tämä tarkoittaa, että todellinen palvonta on aina ensisijaisesti ja loppujen lopuksi inhimillinen vastaus jumalalliseen aloitteeseen, eikä siis koskaan pelkkä inhimillinen teko jumalallisen huomion kiinnittämiseksi. Juuri tämä havaitaan läpi tämän kirjasarjan myös niin monien muiden "Sanaan ja Henkeen" liittyvien aihealueiden kohdalla.

Juuri Jumala kulkee Edenin puutarhassa etsimässä syntiä tehneitä Aadamia ja Eevaa tarjotakseen heille veren tahraamat armon vaatteet. Juuri Jumala puhuu Nooalle, solmii liiton tämän kanssa, pitää tämän perheen turvassa tuomion aikakaudella ja innoittaa tämän palvomaan. Juuri Jumala kutsuu Abrahamia ja johdattaa tämän Kanaaninmaahan. Juuri Jumala johdattaa israelilaiset Egyptistä Kaislameren poikki ja autiomaan halki luvattuun maahan. Ja loppujen lopuksi juuri Jumala – Kristuksessa ristillä – vetää kaikki ihmiset luokseen, kuten jakeessa Joh. 12:32 havaitaan.

Muinainen liittolupaus "te olette oleva minun kansani ja minä olen oleva teidän Jumalanne" kulkee punaisena lankana 1. Mooseksen kirjasta aina Ilmestyskirjaan asti. Raamatussa nimittäin toistuvasti korostetaan Isän toimintaa siinä, kuinka hän panee alulle ja palauttaa yhteyden lastensa kanssa ja pitää sitä yllä.

Jumala on totisesti kuin Jeesuksen tuhlaajapoikavertauksen isä, joka nähdessään poikansa kaukana kiirehtii tämän luokse toivottamaan tämän tervetulleeksi kotiin suuren ilon ja ylenpalttisen juhlan saattelemana.

Isän aloite

Palvonta – hengessä
Palvonta "hengessä" on aina kuin tuhlaajapojan hapuileva vastaus henkilökohtaiseen kokemukseen Isän armollisesta rakkaudesta. Se nousee ihmisessä vain sen seurauksena, kun Pyhä Henki on ensin koskettanut ihmisen sisäistä henkeä.
Huolellisesti suoritetut rituaalit tai tarkkaan noudatetut kaavat eivät voi itsessään tuottaa palvontaa hengessä. Meillä voi esimerkiksi olla upeita lauluja ja lahjakkaita muusikoita, hyödyllistä tekniikkaa ja kulttuurisesti relevantti tyyli tai hyvin valmisteltu jumalanpalveluksen kulku ja viisaat johtajat, mutta emme palvo Jumalaa hengessä, jos Jumala ei ole ensin vetänyt meitä luokseen ja jos Pyhä Henki ei ole ensin koskettanut sisäistä henkeämme.
Laulamisemme, rukoilemisemme, ylistämisemme, tanssimisemme, mietiskelymme ja muut vastaavat saattavat johtaa palvontaan, mutta todellista palvontaa tapahtuu vasta sitten, kun Jumala on vetänyt henkemme Isän luo ja henkemme on saanut liittyä Isään totuuden Hengen työn seurauksena. Painotus ei ole ulkoisilla muodollisuuksilla vaan sillä, millaisessa mielentilassa ja millaisella sydämellä palvomme Jumalaa.
Tämä ei ole kirja moderneista palvontatavoista ja nykyaikaisista ylistyksen johtamisen tekniikoista, eikä tässä kirjassa nosteta yhtä ylistystapaa muiden yläpuolelle – Uudessa testamentissa ei nimittäin koskaan määrätä tiettyä tekniikkaa noudatettavaksi tai vaadita jotakin tiettyä muodollista tapaa palvoa. Tämä on sen sijaan kirja, jossa tarkastellaan Raamattua sen tunnistamiseksi, miten Isä armossaan vetää ihmisiä luokseen, ja jossa pohditaan, kuinka hän odottaa meidän reagoivan rakkauteensa.

Palvonta – totuudessa
Kamppailussaan paholaista vastaan korkealla vuorella (Matt. 4:10) Jeesus teki selväksi, ketä meidän tulisi palvoa ja ketä meidän tulisi palvella. Ainoaa oikeaa Raamatun Jumalaa, Abrahamin ja Iisakin Jumalaa, elävää Jumalaa, jonka täydellinen ilmoitus Jeesus oli.

Palvonta Hengessä ja totuudessa

Toisen Mooseksen kirjan jakeet 20:3–5 osoittavat, että Jumalan kahdessa ensimmäisessä käskyssä israelilaisille vaadittiin sitä, että ihmiset palvoisivat ainoastaan häntä. Ensimmäinen käsky osoittaa, ketä meidän tulee ainoastaan palvoa, ja toinen paljastaa, kuinka meidän tulee palvoa ainoastaan häntä. On kuitenkin syytä tunnistaa, että todellisen Jumalan laittamisessa kaikkien muiden jumalien edelle on kaksi puolta:

- Meidän ei tule kunnioittaa eikä palvoa mitään tai ketään muuta kuin todellista Jumalaa.

- Meidän tulee tuntea todellinen Jumala oikein, jotta voimme kunnioittaa ja palvoa häntä ja nostaa hänet kaiken muun yläpuolelle.

Aivan kuten emme kykene palvomaan Jumalaa "hengessä", jos Henki ei ole koskettanut meitä, emme voi palvoa häntä "totuudessa", jos emme tiedä totuutta hänestä. Palvonnan "hengessä" tulee olla innostunut reaktiomme siihen, mitä Jumala on tehnyt luomisessa ja pelastuksessa, ja palvonta "totuudessa" on riippuvaista siitä, että tunnemme Isän, Pojan ja Hengen juuri sellaisina, kuin heidät Raamatussa ilmoitetaan. Palvonta "totuudessa" tarkoittaa palvontaa, joka on Jumalan Sanan ohjaamaa ja säätelemää, sillä todellinen palvonta on riippuvaista Jumalan ilmoituksesta eikä ainoastaan siitä, kuinka vilpittömistä motiiveista tai kuinka suurella tai hartaalla tunteella sitä tehdään.

Todellinen palvonta ei ole päämäärätöntä tunteellista toimintaa – se on teko, joka keskittyy tiukasti ainoaan todelliseen Jumalaan. Jos todella haluamme palvoa *häntä* hengessä ja totuudessa, meidän täytyy tehdä kaikkemme tunteaksemme *hänet* paremmin. Tämä tarkoittaa, että meidän täytyy jatkuvasti opiskella sitä, miten hän ilmoitti itsensä Israelin kansalle; että meidän täytyy jatkuvasti mietiskellä kaikkia niitä jumalallisia ominaisuuksia, jotka hän ilmoittaa kirjoitetussa Sanassaan; ja että meidän täytyy jatkuvasti katsella Jeesusta, joka on hänen ihmeellinen ilmoituksensa itsestään.

Isän aloite

Kun käsitämme Isän mahtavan pelastuskertomuksen, pohdiskelemme hänen särkymättömiä liittojaan, ihmettelemme ihaillen sitä, että hänet on "nostettu ylös" ihmiskunnan edestä, ymmärrämme hänen ääretöntä armoaan ja rakkauttaan ja niin edelleen, se ei voi kuin saada meidät palvomaan häntä hengessä ja totuudessa.

Palvonta – ensisijaisin asia elämässämme
Jakeissa Mark. 12:28–34 Jeesus kiteyttää kaikki Jumalan käskyt kahteen käskyyn ja selittää, että Herran, ainoan Jumalan, rakastaminen koko olemuksellamme on kaikista tärkein jumalallinen käsky. Jos haluamme, että Jumala on elämämme "Herra", palvonnan tulee olla ensisijaisin asia elämässämme.

Seuraavaksi Jeesus osoittaa, että Jumalan toinen vaatimus elämällemme on, että palvelemme muita samalla vakavuudella, jolla suhtaudumme itseemme. Tämän pohjalta voidaan todeta seuraavat kaksi ehdottoman tärkeää periaatetta:

◆ Jumalan palvominen ja muiden palveleminen liittyvät läheisesti toisiinsa Jumalan suunnitelmissa.

◆ Jumalan palvominen tulee ensin, muiden palveleminen toisena.

Jeesuksen mukaan palvonta on Jumalan tärkein tarkoitus ihmiskunnalle: hän on luonut meidät palvomaan itseään ja iloitsemaan itsessään, ja hän on lunastanut meidät palvomaan itseään ja iloitsemaan itsessään. Palveleminen on seurausta palvonnasta ja se perustuu palvonnalle, mutta se ei voi korvata palvontaa. Meidän tulee pitää huoli siitä, ettei jumalallisista teoistamme tule jumalallisen ihailumme vihollisia.

Vanhan testamentin papit ja leeviläiset erotettiin palvelemaan Jumalaa, ja Jumalan palveleminen oli etusijalla kaikkiin heidän muihin töihinsä nähden. Hesekielin eskatologinen näky "uudesta temppelistä" osoittaa, että tämä sama periaate pätee edelleen aikojen lopussa: jae Hes. 44:15 profetoi, että papit edelleen kutsutaan ennen kaikkea lähestymään Jumalaa ja palvelemaan häntä henkilökohtaisesti.

Palvonta Hengessä ja totuudessa

Meidänkin tulee siis varmistua siitä, etteivät muiden ihmisten palveleminen ja ihmisten aitoihin tarpeisiin vastaaminen pidä meitä niin kiireisinä, että lyömme laimin Jumalan henkilökohtaisen palvelemisen ylistyksessä ja palvonnassa.

Palvonta – ja tunnustaminen
Aina kun keskitymme Jumalaan ja pohdiskelemme hänen tarkoituksiaan, hän vie meidät väistämättä ensin tunnustamisen paikalle. Kuten profeetta Jesajan kirjan jakeessa 6:5, mekin ymmärrämme totuuden omasta syntisyydestämme vasta, kun olemme katselleet Jumalan ehdotonta pyhyyttä; totuuden omasta ailahtelevaisuudestamme vasta, kun olemme olleet kasvotusten hänen uskollisuutensa kanssa; totuuden omasta syyllisyydestämme vasta, kun olemme nähneet hänen armonsa ja niin edelleen.

Emme tietenkään ainoastaan palvo Jumalaa vain sen tähden, kuka hän on, vaan myös sen tähden, mitä hän on tehnyt ja mitä hän tekee. Raamatun Jumala on Jumala, joka puuttuu historian kulkuun ja murtautuu ihmisten elämiin. Hän on elävä Jumala, joka puhuu ja pelastaa, joka parantaa ja vapauttaa, joka tuomitsee, voittaa ja antaa anteeksi.

Hän on Jumala, joka toimii, mutta myös Jumala, joka on. Hänen luontaiset hyvyytensä, uskollisuutensa, vanhurskautensa, rakkautensa, viisautensa, kärsivällisyytensä ja laupeutensa näkyvät monissa suurissa teoissa kaikkialla Raamatussa – ja meidän elämissämme. Aina kun pohdiskelemme Jumalan suuria tekoja (hänen armahtavaa laupeuttaan, kuten jakeessa Room. 12:1 mainitaan), sen tulisi saada meidät palvomaan häntä hengessä ja totuudessa.

Palvonta – vilpittömästi
Todellinen palvonta voi nousta ainoastaan vilpittömästä sydämestä. Jakeiden Ps. 24:4, 50:8–23, 51:16–19; Sananl. 15:8, 21:27; Jes. 1:11–20, 29:13, 58:1–14, 66:1–4; Jer. 6:20, 7:21–28; Hoos. 8:11–13; Aam. 5:21–24; Miika 6:6–8 ja Matt. 15:7–8 kaltaiset kohdat tekevät selväksi, että Jumala vihaa kaikenlaista

Isän aloite

uskonnollista teeskentelyä. Jumala haluaa palvojiltaan käytännön tekoja, ei vertauskuvallisia eleitä – sisäistä sydämen puhtautta, ei ulkoisia rituaaleja. Läpi Psalmien kirjan Jumala kutsuu kansaansa lähestymään itseään puhtain käsin, puhtaalla sydämellä sekä murretulla ja katuvaisella hengellä. Jakeet Hepr. 10:19–22 painottavat sitä, että tämä on mahdollista ainoastaan Jeesuksen veren kautta – ja tätä tarkastellaan kirjassa *Pelastus armosta*.

Tämän kirjan osassa 10 keskitytään Filippiläiskirjeen jakeeseen 3:3, mutta tässä kohtaa on jo syytä tunnistaa seuraava seikka: sen että voimme tuoda luottavaisin mielin palvontaa, joka on oikeaa, Jumalalle mieluista ja hyväksyttävää, täytyy kummuta siitä, että turvaamme Henkeen – ei minkäänlaisesta luottamuksesta itseemme.

Palvonta – odotuksin
Koska todellinen palvonta on aina inhimillinen vastaus Jumalan armontäyteiseen aloitteeseen, voimme käydä palvomaan sillä odotuksella, että saamme kokea Jumalan todellisuuden, kun palvomme häntä hengessä ja totuudessa.

Tämän kirjan osissa 3 ja 5 havaitaan, että Jumalan kansa – sekä Vanhassa että Uudessa testamentissa – tiesi saavansa kohdata Jumalan tullessaan yhteen palvomaan. Ihmiset odottivat saavansa tuntea hänen rakastavan kosketuksensa ja kuulla hänen pyhiä sanojaan, sillä he kävivät palvomaan *vastauksena hänen kutsulleen*.

Aina kun Mooses meni pyhäkkötelttaan, hän tiesi, että hänet oli kutsuttu kohtaamaan kaikkivoipa, kaikkitietävä, ihmeitä tekevä Jumala ja että Jumalan läsnäolo olisi niin suuri, että se saisi hänen kasvonsa loistamaan Jumalasta heijastuvaa kirkkautta.

Myöhemminkin aina kun ylipapit astuivat kaikkeinpyhimpään Jumalan määräämänä suurena sovituspäivänä, he astuivat verhon taakse tuntien aitoa pyhää pelkoa – sillä he tiesivät, että he olivat astumassa kaikkein pyhimmän Jumalan paikalliseen läsnäoloon.

Palvonta Hengessä ja totuudessa

Sama päti myös alkuseurakunnan kohdalla. Ensimmäisillä uskovilla oli suuria odotuksia heidän kokoontuessaan palvomaan Jumalaa, sillä he tiesivät, että jotkut heistä olivat lyyhistyneet kuolleina maahan hänen läsnäolossaan, että jotkut olivat nousseet kuolleista hänen läsnäolonsa vaikutuksesta ja että vähintään kaksi heidän rakennuksistaan oli kirjaimellisesti vavahtanut hänen läsnäolostaan.

Kun ensimmäiset uskovat kokoontuivat yhteen palvomaan, he tiesivät, että temppelin väliverho oli repeytynyt keskeltä kahtia Kristuksen kuoleman yhteydessä ja että he olivat – Mooseksen ja ylipappien tavoin – astumassa kaikkeinpyhimpään. He tiesivät, että heitä kutsuttiin Jumalan pelottavaan mutta armontäyteiseen läsnäoloon, ja olivat siksi varmoja siitä, että jotakin suurta ja ainutlaatuista tapahtuisi jälleen kerran!

Palvonta – suhteemme
Kuten myöhemmin osassa 8 havaitaan, kun Jumala kutsuu meitä palvomaan itseään, hän kutsuu meitä iloitsemaan itsessään, iloitsemaan läsnäolossaan, liittymään Isän, Pojan ja Hengen kanssa siihen ikuiseen iloon, joka heillä on toisissaan.

Tämä tarkoittaa, että palvontamme päämäärä on aina kolmiyhteisen Jumalan läsnäolo, että kutsumme palvoa on aina kutsu syvempään suhteeseen Jumalan kanssa ja että palvonta on oikea tapa ilmaista lunastettua suhdettamme Jumalan kanssa.

Kuten osassa 3 havaitaan, Vanhassa testamentissa todellinen palvonta tapahtui pyhäkköteltan ja temppelin salatussa osassa, väliverhon takana olevassa kaikkeinpyhimmässä – Jumalan käsin kosketeltavassa, paikallisessa läsnäolossa maan päällä. Osassa 5 taas havaitaan, että Uusi testamentti käyttää näitä samoja kuvia palvonnasta painottaakseen sitä, että uskovat ovat – sekä henkilökohtaisesti että yhteisesti – Hengen pyhäkkötelttoja ja temppeleitä, jotka on erotettu palvomaan Jumalaa.

Isä kaipaa kipeästi yhteyttä kanssamme ja hän tahtoo palvontamme – sitä varten hän on meidät luonut ja lunastanut.

Isän aloite

Tämä "suhteeseen perustuva palvonta" on perustavanlaatuinen seikka koko "Jumalan lapsen" käsitteelle: siinä nimittäin tunnistetaan, kuka hän on ja miksi hän on meidät luonut, ja se on olennainen osa suhdettamme hänen kanssaan. Kun tunnistamme, kuka Jumala on koko hänen luonteensa täyteydessä, ja annamme hänelle palvonnan, joka hänen nimelleen kuuluu, kasvamme myös suhteessamme Jumalan kanssa.

Emme kuitenkaan palvo Jumalaa itsekkäistä syistä, vaan palvomme Jumalaa siunataksemme häntä. Hän rakastaa ja tahtoo viettää aikaa kanssamme – sitä varten hän on meidät luonut ja lunastanut – ja hän nauttii syvästi läheisestä seurastamme ja keskusteluista kanssamme.

Jumala haluaa ennen kaikkea sitä, että saamme nauttia toistemme seurasta salaisessa paikassa, että saamme astua täysin toistemme läsnäoloon, että välillemme voi kasvaa kestävä "kasvoista kasvoihin" -suhde ja että me palvomme häntä hengessä ja totuudessa.

Palvonnan johtaja

Koska todellinen palvonta on pohjimmiltaan inhimillinen vastaus jumalalliseen aloitteeseen, tulisi olla selvää, että palvonnan hengessä ja totuudessa täytyy aina olla Jumalan itsensä johtamaa ja ohjaamaa.

Kun Mooses anoi faraota päästämään israelilaiset muutamaksi päiväksi autiomaahan palvomaan Jumalaa, hänen täytyi selittää tuolle Egyptin hallitsijalle, etteivät he itsekään tienneet, miten heidän tuli palvella Jumalaa, ennen kuin he olisivat saapuneet paikkaan, jossa heidän oli määrä palvoa.

Jakeissa 2. Moos. 10:24–26 selvitetään se tärkeä raamatullinen periaate, että jos Jumalan kansa todella haluaa miellyttää elävää Jumalaa palvonnassa, sen täytyy antaa hänen henkilökohtaisesti ohjata tätä palvontaa.

Tämä tarkoittaa, että todellisella kristillisellä palvonnalla on vain yksi johtaja – Jumala, Kristuksessa, Hengen kautta. Kaikki inhimilliset palvontaan "johtavat" ylistyksenjohtajat ovat vain

Palvonta Hengessä ja totuudessa

"alijohtajia", jotka on kutsuttu välittämään muille se, mihin Jumala itse haluaa palvontaa viedä – eikä siis välittämään omia käsityksiään ja mieltymyksiään.

Kun Jumala kutsuu kansansa palvomaan itseään, hän on itse läsnä ihmisten keskellä heidän palvoessaan häntä. Hän ei ole passiivinen tarkkailija, joka arvioi heidän palvontaansa tarkistaakseen, että se täyttää hänen vaatimuksensa, vaan hän on – Hengessä – aktiivinen osanottaja heidän palvonnassaan. Hän puhuu Henkensä kautta palvovien miesten ja naisten sydämiin ja tekee pyhän läsnäolonsa tunnetuksi. Hän opettaa, ohjaa, nuhtelee ja lohduttaa heitä aina, kun he vastaavat hänen kutsuunsa palvoa häntä hengessä ja totuudessa.

Palvonnassa emme ainoastaan lue Jumalasta teoreettisella tasolla Raamatusta, vaan tunnemme hänet kokemustemme pohjalta hänen ilmoittaessaan itsensä meille monin eri tavoin hengessämme. Osassa 3 havaitaan, kuinka Vanhan testamentin aikaan Jumala ilmoitti kirkkautensa juuri palvonnan yhteydessä. Ja kirjassa *Jumalan kirkkaus seurakunnassa* opitaan, että Jumala haluaa edelleenkin ilmoittaa kirkkautensa maailmalle seurakunnan kautta – tätä käsitellään laajemmin osissa 6, 7 ja 8.

Tämä tarkoittaa, ettemme palvoessamme ainoastaan juhlista Jeesusta pelastajanamme ja lunastajanamme, vaan koemme hänet myös profeettana, pappina ja kuninkaana. Kun palvomme Jeesusta, hän tulee Hengen kautta keskellemme opettaakseen meille vanhurskautta, ruokkiakseen meitä elämän sanallaan ja pyhittääkseen meidät sillä ja antaakseen meille oman voimansa, jotta kykenemme toimimaan oikein.

Läpi tämän *Hengen miekka* -kirjasarjan todetaan toistuvasti, että Jumala toimii aina johdonmukaisesti itsensä kanssa, että hän on *aina* uskollinen *jokaiselle* luontonsa puolelle. Kun hän siis tulee keskellemme häntä palvoessamme, hän on läsnä luontonsa jokaisen puolen koko täyteydessä.

Tämän vuoksi meidän tuleekin odottaa saavamme kokea Jumalan rakkautta *ja* armoa, hänen totuuttaan *ja* laupeuttaan, hänen lohdutustaan *ja* voimaansa, hänen vapauttaan *ja*

Isän aloite

itsekuriaan, hänen parantavaa kosketustaan *ja* nöyryyttään ja niin edelleen aina, kun vastaamme hänen kutsuunsa palvoa.

Koska Jumala itse on kanssamme meidän palvoessamme, hän on kanssamme kaikella voimallaan, kaikella rakkaudellaan, kaikella armollaan ja kaikella totuudellaan. Ja koska Jumala johdattaa ja ohjaa meitä meidän palvoessamme, meidän tulee totisesti odottaa, että hänen luontonsa jokainen puoli tulee ilmi tuon palvonnan kautta.

Tästä voidaan päätellä, että armontäyteisten ja voimallisten ihmeiden tulisi olla sääntö eikä poikkeus, kun palvomme hengessä ja totuudessa; että ruumiin ja sielun parantumisen tulisi olla tavanomaista ja että armolahjojen ja jumalallisen nöyryyden tulisi olla lähestulkoon arkipäiväistä.

Jumala päättää

Raamatullinen periaate "Jumalan kansan täytyy antaa Jumalan ohjata palvontaansa, jos se haluaa palvontansa miellyttävän Jumalaa" tarkoittaa, että ainoastaan Jumala päättää, ketä miehiä ja naisia ja mitä luontaisia ja hengellisiä lahjoja palvonnassa käytetään.

Seurakunnan yhteisissä palvontahetkissä, jumalanpalveluksissa, ihmisten tulee saarnata, profetoida, laulaa, rukoilla, antaa, asetella kukkia, lukea raamatunjakeita, soittaa jotakin soitinta, pyyhkiä kirkonpenkkejä, kerätä laulukirjat, tervehtiä tulijoita ja niin edelleen vain tavalla, jolla todellinen palvonnan johtaja heitä henkilökohtaisesti kutsuu ja ohjaa tekemään. Tämä varmistaa, ettei palvonnan kautta ole mahdollista korottaa itseään tai kiillottaa inhimillistä mainettaan. Pyhä Jumala on ainoa, joka tulee kirkastetuksi palvonnassa, joka tapahtuu hengessä ja totuudessa.

Seurakunnan yhteisten palvontahetkien jokainen puoli on tarkoitettu osoittamaan, että Jumala on palvonnan ainoa alulle panija ja perimmäinen johtaja:

- ◆ Jokaisen hengellisen lahjan tulee paljastaa, että kaikki on täydellisesti Kristuksen hallinnassa. Että hän antaa, mitä tahtoo, kun tahtoo, miten tahtoo ja kenen kautta

Palvonta Hengessä ja totuudessa

tahtoo.

◆ Jokaisen puhutun sanan tulee puhaltaa Jumalan elämää palvontaan ja olla palvojien rakennukseksi sen seurauksena, että puhuja on saanut innoituksensa puhua elämää antavalta Hengeltä eikä keltään tai mistään muusta.

◆ Jokaisen huomiota herättämättömän palveluksen teon tulee sytyttää palvontaa Jumalan rakkaudella ja nöyryydellä sen seurauksena, että juuri Jumalan vaatimaton Henki on saanut palvelijan toimimaan eikä kukaan tai mikään muu.

◆ Jokaisen ihmeen tulee innostaa ja hämmästyttää palvojia siitä syystä, että ihmeet ovat osoitus Jumalan myötätunnosta ja laupeudesta, eivät inhimillisestä tekniikasta tai omaa etuaan tavoittelevan viestintuojan hyvyydestä.

Vastauksemme
Kuten osassa 3 havaitaan, Vanhassa testamentissa Jumalan kansa tuli Jumalan eteen palvonnassa paitsi ylistämään ja ihailemaan häntä, myös siksi, että hän puhdistaisi heidät ja muuttaisi heitä. Ihmiset tiesivät, etteivät he voineet seistä kaikkivaltiaan Jumalan pyhässä läsnäolossa ja jäädä samanlaisiksi kuin olivat olleet. Voidaankin itse asiassa lähestulkoon sanoa, että jos emme ole palvonnan kautta muuttuneet tavalla tai toisella, emme ole palvoneet hengessä ja totuudessa.

Aivan kuten todellinen palvonta alkaa pyhistä odotuksista, se päättyy pyhään kuuliaisuuteen. Palvonta ei ole keino paeta maailmassa kohtaamiamme ankaria olosuhteita – se on Jumalan kutsu palvella häntä maailmassa. Kuten profeetta Jesajan kirjan jakeessa 6:8, juuri silloin, kun palvomme Jumalaa ja hän on saanut puhdistaa meidät ja muuttaa meitä, myös tunnistamme kaikkein vahvimmin tarpeemme vastata Jumalan kutsuun palvella häntä evankeliumin kuuliaisuudella.

Isän aloite

Kuten edellä havaittiin, meidän tulee ensin palvoa Jumalaa, mutta palvonnan tulee aina myös johtaa muiden palvelemiseen. Tämän lisäksi todellinen palvonta myös vie meidät hengelliseen ulottuvuuteen ja altistaa meidät näkymättömän maailman todellisuuksille. Juuri palvoessamme hengessä ja totuudessa olemme väistämättä osallisia myös Kristuksen voitosta demonisista voimista elämän kaikilla osa-alueilla.

Tästä voidaan päätellä, että todellinen palvonta tapahtuu aina luonnostaan tietyssä hengellisessä järjestyksessä. Esimerkiksi:

- ◆ Jumala kutsuu meidät Hengen kautta palvomaan itseään.
- ◆ Me vastaamme Jumalan kutsuun.
- ◆ Tulemme kasvotusten Jumalan kanssa palvonnassa.
- ◆ Seuraamme hänen johdatustaan ja ohjeistustaan siitä, kuinka meidän tulee palvoa.
- ◆ Hänen läsnäolonsa muuttaa meitä palvonnan aikana.
- ◆ Palvonnan aikana saamme hänen ohjeensa palvelemiseen ja hän varustaa meidät palvelemaan.
- ◆ Siirrymme palvonnasta rakastamaan Jumalaa, palvelemaan muita ja elämään todeksi Kristuksen voittoa.

Keskittyminen Jumalaan

Tulisi olla selvää, että jos kerran palvonta on vastauksemme Jumalan kutsuun, meidän täytyy "kuulla" hänen kutsunsa voidaksemme vastata. Tätä käsitellään läpi koko kirjan *Jumalan kuunteleminen*, jossa tutkitaan, kuinka Jumala viestii kansansa kanssa ja kuinka me voimme omassa ajassamme oppia tunnistamaan hänen tapansa "puhua".

Kun sitten olemme "kuulleet" tai "aistineet" Jumalan kutsun palvoa, meidän tulee kiinnittää kaikki huomiomme häneen. Tähän kuuluu kaiken inhimillisesti aloittamamme

Palvonta Hengessä ja totuudessa

toiminnan vaimentaminen ja se, että keskitymme tiukasti häneen.

Monet uskovat rajaavat tämän "inhimillisen vaimentamisen" ja "Jumalaan keskittymisen" vain muutamiin harvoihin minuutteihin ennen jumalanpalveluksen, yhteisen palvontahetken, alkamista. Tämän "vaimentamisen ja keskittymisen" tulee kuitenkin aina ilmetä jokaisen uskovan kaikessa elämässä. Kuten kirjassa *Jumalan kuunteleminen* havaitaan, meidät on kutsuttu rakentamaan jatkuvasti kuunteleva elämäntyyli, niin että kaikki sanamme ja tekomme kumpuavat Jumalasta.

Jos aina vain suoritamme elämämme perusasioita omassa voimassamme ja viisaudessamme, toimimme helposti samoin myös silloin, kun kokoonnumme muiden kanssa yhteen palvomaan Jumalaa. Jos kuitenkin olemme aina valppaina Jumalan kehotuksille – kotona ja töissä, matkoilla ja levätessämme, ollessamme perheemme tai ollessamme ystäviemme kanssa jne. – meillä on väistämättä tuo sama jumalallinen herkkyys myös silloin, kun kokoonnumme muiden uskovien kanssa yhteen palvomaan.

Jumalan ylistäminen

Osissa 2, 3, 4 ja 5 havaitaan, että Jumala on aina kutsunut kansaansa palvontaan rohkaisemalla heitä ylistämään sekä itseään että suuria tekojaan.

Esimerkiksi Psalmien kirjassa kehotetaan toistuvasti Vanhan testamentin aikaista Jumalan kansaa ylistämään Herraa, ja jakeissa Hepr. 13:15 ja 1. Piet. 2:5–9 ohjeistetaan uuden liiton aikaista Jumalan kansaa uhraamaan Jumalalle kiitosuhria ja julistamaan hänen suuria tekojaan – tähän keskitytään osassa 8.

Ylistys on tärkeää paitsi siksi, että se julistaa Jumalan suuruutta, myös siksi, koska tunteemme ovat siinä mukana. Todellinen palvonta tapahtuu aina ihmisen koko persoonalla – mielellä, tunteilla, keholla ja tahdolla –, ja sitä tehdään sanoilla, asenteilla ja elämäntyylillä – siis kaikella, mitä olemme ja mitä meillä on.

Isän aloite

Jumala kutsuu meitä koko olemuksellaan, jumalallisen luontonsa jokaisella puolella. Siksi hän myös kutsuu meitä vastaamaan koko olemuksellamme, lunastetun luontomme jokaisella puolella. Meidän tulee antaa koko inhimillinen persoonallisuutemme Jumalalle ja uhrata kaikki hänelle palvonnan alttarilla. Mikään tätä vähempi ei ole todellista palvontaa. Mikään tätä vähempi ei ole Jumalan suunnitelmaa. Itsensä vuoksi ja meidän vuoksemme hän kutsuu meitä palvomaan itseään hengessä ja totuudessa.

Osa 2

Ylistys ja palvonta

Jotkut uskovat käyttävät sanaa "palvonta" ymmärtämättä, mitä se todellisuudessa tarkoittaa. He liittävät sen siihen, millaisia heidän oman seurakuntansa yhteiset palvontahetket ovat, eivätkä siihen, mitä palvonnasta sanotaan Raamatussa. He olettavat palvonnan tarkoittavan sitä, mitä he tekevät sunnuntain jumalanpalveluksissa, ja että kaiken, mitä sunnuntain jumalanpalveluksissa tehdään, täytyy olla palvontaa.

Tämän seurauksena jotkut uskovat yhdistävät palvonnan esimerkiksi vapaaseen spontaanisuuteen ja kovaan meteliin ja toiset taas tiukkaan liturgiaan ja hiljaiseen kunnioitukseen. Jos kuitenkin haluamme ymmärtää Jumalan raamatullista kutsua palvoa häntä hengessä ja totuudessa, meidän täytyy jättää nämä nykyajan kiistat palvonnan eri muodoista sivuun ja tarkastella, mitä Jumalan palvonta Raamatussa tarkoittaa.

Ensinnäkin on hyödyllistä tarkastella sanaa "palvonta". Englannin kielen palvontaa tarkoittava sana "worship" tulee muinaisenglannin sanasta *weorthscipe*, joka tarkoittaa "olla arvollinen". Se on johdettu sanoista *weorth* – "arvoinen" – ja *scipe* – "-uus" tai "-yys". Sana tarkoittaa siis sitä, että jollekin henkilölle annetaan se tunnustus tai "arvollisuus", jonka hän ansaitsee. Tämä englannin kielen sana on kuitenkin melko rajallinen eikä vangitse sitä paljon laajempaa terminologiaa, joka kuvauksissa palvonnasta raamatullisessa kielessä ilmenee.

Raamatussa käytetään suurta joukkoa heprean ja kreikan kielen sanoja määrittämään ja kuvaamaan sitä, mitä "palvonta" on, mutta pohjimmiltaan kaikki nämä eri niin Vanhan kuin Uuden testamentinkin sanat liittyvät "aktiiviseen palvelemiseen". Raamatun yleisimmät "palvonnasta" käytetyt sanat ovat heprean kielen sana *abodah* ja kreikan kielen sana *latreia*. Ne

Palvonta Hengessä ja totuudessa

molemmat merkitsivät alun perin samaa: orjien tai palvelijoiden tekemää työtä.

Palveleminen
Useimmat nykyihmiset ajattelevat, että "palvonta" merkitsee yhtä asiaa ja "palveleminen" jotakin aivan muuta (vaikka yleisesti puhutaankin "jumalanpalveluksista" ja "palvelemisesta ylistyksessä" tai palvelemisesta jossakin muussa tehtävässä jumalanpalveluksissa). Yleinen käsitys on, että "palvonta" tarkoittaa hengellistä toimintaa, kuten laulamista tai rukoilemista, ja että "palveleminen" tarkoittaa käytännöllisiä tekoja, kuten lattioiden lakaisemista, tuolien järjestelemistä tai muuta vastaavaa.

Raamatussa tällaista erottelua ei kuitenkaan tehdä. Mitä Raamattuun tulee, Jumalan palvonta on aina Jumalan palvelemista: se, miten palvelemme häntä, on se, miten palvomme häntä.

Abodah
Heprean kielen nimisana *abodah* on joissakin raamatunkäännöksissä käännetty "työksi", joissakin "palvonnaksi" ja useimmissa "palvelemiseksi". Sama koskee verbiä *abad*, joka on käännetty joko sanalla "työskennellä", "palvoa" tai "palvella".

Kohdat 1. Moos. 14:4, 15:13–14, 25:23, 29:15–30 ja 2. Moos. 1:14 osoittavat, että *abodah*-sanaryhmä viittasi alun perin orjien tai palkattujen palvelijoiden tekemään käytännön työhön.

Aina kun sanoja *abad* tai *abodah* käytetään Raamatussa jonkin inhimillisen kohteen yhteydessä, nämä sanat viittaavat joko orjamaiseen asenteeseen tai palvelevaan tekoon: tämä havaitaan esimerkiksi kohdista 2. Moos. 21:2; Jer. 40:9 ja Hes. 48:18–19.

Sanoja *abad* ja *abodah* käytetään Vanhassa testamentissa kuitenkin pääosin kuvaamaan tapaa, jolla Jumalan kansa palvelee todellista Jumalaa (niin kuin sen kuuluukin) tai vääriä jumalia (kuten sen ei kuulu tehdä).

Ylistys ja palvonta

On tärkeää, että ymmärryksemme siitä, mitä "palvonta hengessä ja totuudessa" on, perustuu sen käsittämiselle, että raamatullinen palvonta sisältää sekä *käytännön tekoja* että *hengellistä toimintaa*. Vanhassa testamentissa *abodah*-sanaryhmällä esimerkiksi:

- kutsutaan ihmisiä palvelemaan/palvomaan Jumalaa – 2. Moos. 3:12, 7:16, 8:1 ja 20, 9:1 ja 13, 23:25; 5. Moos. 10:12, 11:13; Joos. 24:14–16; Ps. 2:11, 100:2; Jer. 30:9 ja Sef. 3:9

- kutsutaan ihmisiä pois väärien jumalien palvelemisesta/palvomisesta – 5. Moos. 7:16, 28:14 sekä Jer. 25:6 ja 35:15

- kuvataan käytännön tekoja, jotka liittyivät Jumalan palvelemiseen/palvontaan – 2. Moos. 36:1–5; 4. Moos. 3:7–8, 4:23–28 ja 47–49, 7:6–9; 1. Aik. 28:20–21 sekä 2. Aik. 24:12

- kuvataan hengellistä toimintaa, joka liittyi Jumalan palvelemiseen/palvontaan – 4. Moos. 8:11 ja 19–26, 18:6–7 sekä 1. Aik. 23:24–32

- kuvataan musiikilla osallistumista Jumalan palvelemiseen/palvontaan – 1. Aik. 25:1–8

- kuvataan tiettyjä hengellisiä seremonioita – 2. Moos. 12:25–26 ja 2. Aik. 35:1–19.

Abodah-sanaryhmän laaja merkitys tulee erityisen selväksi 2. Aikakirjan luvussa 35. Kyseisessä luvussa kerrotaan pääsiäisen "palvontahetkestä", jota vietettiin Jerusalemissa kuningas Josian johdolla.

Jakeissa 2–3 kerrotaan, kuinka Josia rohkaisi pappeja heidän palvelustehtävässään ja leeviläisiä heidän tehtävässään palvella Jumalaa ja Jumalan kansaa.

Jakeissa 4–14 kerrotaan niistä käytännön valmisteluista tuota palvelemista varten, joihin sekä leeviläiset että maallikkokansa osallistuivat.

Palvonta Hengessä ja totuudessa

Jakeet 15-16 osoittavat, että laulajien ja portinvartijoiden (Vanhan testamentin vastineita nykypäivän vahtimestareille) tehtävää pidettiin aivan yhtä olennaisena osana palvontaa/ palvelusta kuin pappien ja leeviläisten tehtävää.

Tästä voidaan päätellä, että huolellinen valmistautuminen Jumalan johtamaan palvontahetkeen, jumalanpalvelukseen, on aivan yhtä lailla Jumalan palvomista/palvelemista kuin itse jumalanpalvelus ja että "portinvartijoiden" käytännön teot ja "maallikkokansan" antelias antaminen ovat aivan yhtä lailla palvelemista/palvontaa kuin "laulajien" musiikillinen osallistuminen ja "pappien ja leeviläisten" hengellinen toiminta.

Latreia
Kreikan kielen vastineita sanoille *abodah* ja *abad* ovat *latreia*, "palveleminen", ja *latreuo*, "palvella". Nämäkin sanat tarkoittavat alkuperäiseltä merkitykseltään orjan tai palvelijan palkattua palvelusta, mutta niitäkin käytetään Raamatussa pääasiassa kuvaamaan ihmisten toimittamaa Jumalan palvelemista tai palvomista.

Tätä sanaryhmää käytetään esimerkiksi kohdissa Matt. 4:10, Luuk. 1:74, 2:37, 4:8; Ap. t. 7:7, 24:14, 26:7, 27:23; Room. 1:9, 9:4,12:1; Fil. 3:3; 2. Tim. 1:3; Hepr. 8:5, 9:1, 6 ja 14, 10:2, 12:28 sekä Ilm. 7:15 ja 22:3.

Edellä mainittujen kohtien huolellinen lukeminen osoittaa, että Raamatussa käytetään yhtä ja samaa sanaa sekä hengellisestä "palvonnasta" pyhäkköteltassa, temppelissä, taivaassa jne. että käytännöllisestä "palvelemisesta" jokapäiväisessä elämässä.

Sanan *latreia* käyttöön Roomalaiskirjeen jakeessa 12:1 kiteytyvät molemmat näistä merkityksistä: meidät on kutsuttu antamaan ruumiimme eläväksi uhriksi Jumalalle *kaikessa*, mitä teemme. Ei ole eroa niin kutsutun "hengellisen" ja "maallisen" toiminnan välillä – työmme on palvontaamme ja palvonta on työtämme.

Toinen sana, jota on syytä tarkastella lähemmin, on

leitourgia – joka on käännetty sanoilla "palvelus", "palvelusvirka" tai "liturgia". Se ei etymologisesti liity sanaan *latreia*, vaikka sillä onkin samantapainen merkitys. Sitä käytetään Uudessa testamentissa kohdissa Luuk. 1:23; 2. Kor. 9:12; Fil. 2:17 ja 30 sekä Hepr. 8:6, 9:21 ja 10:11. *Leitourgia* on maallisesta elämästä lainattu sana, joka liittyi yhteisölle tai valtiolle suoritettavaan palvelukseen ja usein sellaiseen, josta ei maksettu korvausta tai rahallista palkkiota. Tästä voitaisiin jälleen päätellä, että kristillinen palvonta ja palveleminen ovat pohjimmiltaan sama asia.

Tämä muistuttaa meitä siitä, että kristillinen palvonta kattaa kaikki elämän osa-alueet. Tästä syystä kristillisessä maailmankatsomuksessa ei voi olla erottelua pyhän ja maallisen välillä. Tällainen erottelu nimittäin johtaa kristillisyyteen, jossa elämä jaetaan eri osa-alueisiin (esim. "sosiaalinen elämä", "kristillinen elämä", perhe-elämä", työelämä" jne.) ja jossa Kristus on Herra vain "pyhillä" osa-alueilla. Totuus kuitenkin on, että Jeesus Kristus on kaiken Herra, ja tämä tarkoittaa – kuten Paavali muistuttaa jakeessa 1. Kor. 10:31 –, että mitä tahansa me teemmekin, meidän täytyy tehdä se "Jumalan kunniaksi".

Kumartuminen

Abodah- ja *latreia*-sanaryhmät siis korostavat palvonnan ja palvelemisen välistä suhdetta. *Shachah-* ja *proskuneo-*sanaryhmät taas painottavat sitä, että palvonnan/palvelemisen ydinseikka on kumartuminen Jumalan edessä.

Heprean kielen sana *shachah* ja kreikan kielen sana *proskuneo* on yleensä käännetty sanalla "palvoa". Ne molemmat paljastavat, että Jumalan palvelijoiden täytyy olla valmiita kumartumaan Jumalan edessä, jos he tahtovat uhrata sellaista palvontaa/palvelusta, jota Jumala heiltä odottaa ja jonka hän ansaitsee.

Shachah merkitsee sanatarkasti "kumartaa itsensä" ja *proskuneo* taas "suudella kohti". Yhdessä ne osoittavat, että palvontamme/palvelemisemme tulee kummuta kunnioittavasta pelosta ja palvovasta ihmetyksestä ja ihailusta.

Palvonta Hengessä ja totuudessa

Nämä sanat tekevät selväksi, ettei Jumala ensisijaisesti tahdo ulkoista toimintaa, kuten rukousta, ylistystä, laulamista, palvelemista jne., vaan että hän kaikkein eniten tahtoo sisäistä kunnioittavan pelon ja palvovan rakkauden asennetta. Vaikka meidän tuleekin pitää huoli siitä, että yhteiset palvontahetkemme ovat kulttuurisesti ajankohtaisia, keskustelut ja erimielisyydet palvonnan eri muodoista jättävät huomiotta sen, mikä Jumalan kutsu todella on.

Jeesuksen keskustelu samarialaisen naisen kanssa Johanneksen evankeliumin jakeissa 4:1–24 osoittaa, ettei palvonnassa pohjimmiltaan ole kyse palvonnan ulkoisista ilmenemismuodoista. Sanaa *proskuneo* käytetään seitsemän kertaa jakeissa Joh. 4:20–24 korostamaan sitä, että Jumala on kiinnostuneempi oikeasta sisäisestä asenteesta "suudella häntä kohti" kuin ulkoisista seikoista, kuten siitä, missä ja miten se tapahtuu.

Shachah

Sanaa *shachah* käytetään Vanhassa testamentissa usein sanatarkasti osoittamaan, että Jumalan kansa heittäytyi fyysisesti kasvoilleen tullessaan Jumalan eteen: he joko kumarsivat päänsä, polvistuivat tai lankesivat maahan kasvot maata kohti. Tämä havaitaan esimerkiksi kohdista 1. Moos. 24:26 ja 48; 2. Moos. 4:31, 12:27, 34:8; 1. Aik. 29:20; 2. Aik. 20:18, 29:30; Neh. 8:6; Job 1:20 ja Ps. 95:6.

Tavallisemmin sanaa *shachah* kuitenkin käytetään osoittamaan, että Jumalan kansa oli kutsuttu tulemaan Jumalan eteen sisäisellä kunnioittavan pelon ja palvovan rakkauden asenteella. Tämä havaitaan esimerkiksi kohdista 1. Moos. 22:5; 2. Moos. 24:1; 5. Moos. 26:10; 1. Sam. 1:28; 1. Aik. 16:29; Neh. 9:3 sekä Ps. 96:9 ja 99:5.

Koska *shachah* viittaa pohjimmiltaan palvontaan/palvelemiseen liittyvään sisäiseen asenteeseen, sitä käytetään Vanhassa testamentissa usein yhdessä sellaisen verbin kanssa, joka kuvaa palvontaan/palvelemiseen liittyvää ulkoista tekoa. Esimerkiksi:

Ylistys ja palvonta

- kumartuminen ja palvonta – 1. Moos. 24:26 ja 48 sekä 2. Moos. 4:31
- uhri ja palvonta – 2. Moos. 32:8; 1. Sam. 1:3 ja 2. Kun. 17:36
- palvelus ja palvonta – 5. Moos. 8:19
- ylistys ja palvonta – 2. Aik. 7:3 ja Ps. 66:4
- tunnustaminen ja palvonta – Neh. 9:3
- syöminen ja palvonta – Ps. 22:29. (Suom. huom. Nämä englanninkielisissä käännöksissä ilmenevät sanaparit eivät valitettavasti aina tule selvästi esiin suomenkielisissä käännöksissä.)

Usein toistuva raamatullinen yhteys sanan *shachah* ja esimerkiksi sanojen ylistys, palvelus ja uhri välillä todistaa palvonnan taustalla vaikuttavan motiivin tärkeydestä. Ylistys, joka ei kumpua kunnioituksesta ja rakkaudesta, ei tee vaikutusta Jumalaan. Palvelus, jonka vaikuttimena eivät ole ihmetys ja ihailu, ei miellytä Jumalaa. Uhri, joka ei ole lähtöisin pelosta ja omistautumisesta, ei ole hyväksyttävä Jumalan silmissä – ja niin edelleen.

Proskuneo

Pitkälti sama koskee myös Uuden testamentin sanaa *proskuneo*, "suudella kohti". Joskus tätä sanaa käytetään sanatarkasti kuvaamaan kunnioittavasta pelosta ja palvovasta rakkaudesta merkkinä olevaa fyysistä toimintaa – esimerkiksi kohdissa Matt. 2:11, 4:9, 28:9; Mark. 15:19; Ap. t. 10:25; 1. Kor. 14:25 sekä Ilm. 7:11, 11:16, 19:4 ja 10 ja 22:8.

Yleensä sanaa *proskuneo* kuitenkin käytetään kuvaamaan kunnioituksen ja palvonnan täyteistä sisäistä sydämen asennetta. Tämä havaitaan esimerkiksi kohdista Matt. 8:2, 9:18, 14:33, 15:25, 18:26; Mark. 5:6; Joh. 4:22–24, 9:38; Ap. t. 24:11 ja Ilm. 4:10.

Palvonta Hengessä ja totuudessa

Muita sanoja

Kolme muutakin kreikan kielen sanaa on useissa englanninkielisissä raamatunkäännöksissä käännetty sanalla "palvoa":

- *sebomai* merkitsee "kunnioittaa" tai "arvostaa", ja se esiintyy kohdissa Matt. 15:9; Mark. 7:7; Ap. t. 16:14, 18:7 ja 13 sekä 19:27

- *sebazomai* merkitsee "kunnioittaa" tai "kumartaa", ja sitä on käytetty jakeessa Room. 1:25

- *eusebeo* merkitsee "olla kunnioittava", ja se esiintyy jakeessa Ap. t. 17:23. Lisäksi sitä on käytetty 1. Timoteuskirjeen jakeessa 5:4 viitatessa siihen, että lasten tulee "osoittaa hurskautta" kotona.

Kuten *proskuneo*, nämäkin kolme sanaa painottavat sisäistä ihmetyksen tai omistautumisen tunnetta pikemmin kuin ulkoista toimintaa.

Edellä havaittiin, että Raamatussa kyllä käytetään usein sanaa "palvonta" mutta että siinä ei koskaan määritetä, mitä "palvonta" on. Nämä eri heprean ja kreikan kielen sanat kuitenkin antavat ymmärtää, että se on palvelevaa toimintaa, joka kumpuaa kunnioittavan pelon ja rakastavan ihmetyksen asenteesta.

Siksi voidaankin sanoa, että palvonta on sitä, että kiitämme Jumalaa suoraan hänen luonnostaan, piirteistään, tavoistaan ja sanoistaan, ja että tämä on sekä sellaista, mikä koetaan sisäisesti, että sellaista, mikä ilmaistaan hengellisillä ja käytännöllisillä teoilla.

Ylistys

Raamatussa siis käytetään useita kreikan ja heprean kielen sanoja maalaamaan monitahoinen kokonaiskuva raamatullisesta palvonnasta. Lisäksi Raamatussa kuitenkin käytetään myös useita eri sanoja ylistyksestä. Näillä sanoilla esitellään toista monitahoista toimintaa.

Aivan kuten meidän tulee laajentaa nykyaikaista käsitystämme palvonnasta niin, että tuohon käsitykseen sisältyvät

Ylistys ja palvonta

myös käytännöllinen palveleminen ja sisäiset asenteet, samoin meidän tulee tunnistaa, että ylistys on muutakin kuin vain kovaäänisten laulujen laulamista Jumalasta.

Vanhassa testamentissa "ylistys" tarkoittaa yleensä kunnianosoitusta tai palvontaa, jonka joku Jumalan luoma – tavallisesti, mutta ei kuitenkaan aina, joku ihminen – antaa Jumalalle. Kaikki sanalla "ylistys" käännetyt heprean kielen sanat viittaavat tietyn tyyppiseen palvontaan, ja kaikkien niiden tulee olla osa sitä, kuinka ymmärrämme ylistyksen.

Halal

Halal on yleisin sanalla "ylistää" käännetty heprean kielen verbi, ja se tarkoittaa pohjimmiltaan "huutaa ilosta". Vaikuttaa siltä, että sanaa *halal* käytettiin alkujaan uhrin kuolemaan liittyvästä surun itkusta. Myöhemmin sen merkitys kuitenkin muuttui, ja sitä alettiin käyttää ilonhuudoista, jotka olivat seurausta siitä, että Jumala hyväksyi tuon uhrin.

Sanan *halal* ydinajatus on kovan äänen päästäminen, ja sitä käytetään Vanhassa testamentissa yhteyksissä, joissa ylistetään jotakin tai annetaan ylistys jollekin. Näitä ylistyksen kohteita ovat:

- mies tai nainen – 1. Moos. 12:15; Sananl. 27:2, 28:4, 31:28 ja 30–31 sekä 2. Sam. 14:25
- väärät jumalat – Tuom. 16:24
- Jumala – 1. Aik. 16:36; 2. Aik. 5:13, 20:19 ja 21, 30:21; Esra 3:10–11; Neh. 5:13; Ps. 22:22–23, 35:18, 63:5, 69:30 ja 34, 119:164, 148:1–4, 7 ja 14, 150:1–6; Jes. 62:9 sekä Jer. 20:13
- Jumalan nimi – Ps. 69:30, 74:21, 145:2, 148:5 ja Joel 2:26
- Jumalan sana – Ps. 56:4 ja 10.

Kuten osassa 3 havaitaan, ylistys ja palvonta olivat Vanhan testamentin aikaan yleensä yhteisöllistä toimintaa. Raamatun tapa painottaa seurakunnallista *halal*-ylistystä on selvää jakeiden Tuom. 16:24; 1. Aik. 16:36, 23:5; 2. Aik. 23:12, 30:21;

Palvonta Hengessä ja totuudessa

Esra 3:11; Neh. 5:13; Ps. 22:22, 35:18, 102:18, 107:32, 109:30 ja 117:1 kaltaisissa kohdissa.

Nykyään ylistys yhdistetään usein kiittämiseen. Mielenkiintoista on, että kaikista eri ylistystä tarkoittavista heprean kielen sanoista ainoastaan *halal* liittyy kiittämiseen. Vaikuttaakin siltä, että kun ihmiset halusivat kiittää Jumalaa ylistämällä, he kiittivät häntä kovaäänisillä ilonhuudoilla. Tämä havaitaan esimerkiksi kohdissa 1. Aik. 16:4, 23:30, 25:3, 29:13 ja Neh. 12:24.

Ilmaisu *Halleluja*, "Ylistäkää Herraa", esiintyy jakeissa Ps. 104:35 ja 135:3, Psalmien 106, 111, 112, 113, 135 ja 146–149 alussa sekä Psalmien 104–106, 113, 115–117, 135 ja 146–150 lopussa.

Yadah

Myös heprean kielen verbi *yadah* on yleensä käännetty sanalla "ylistää", mutta sen sanatarkka käännös on "heittää" – kuten jakeessa Valit. 3:53 (vrt. v. 1933 käännös).

Tämä saattaa ihmetyttää, mutta – monissa maailman kolkissa – ihmiset edelleen ylistävät toisiaan heittelemällä jotakin toisiaan kohti. Esimerkiksi amerikkalaiset ylistävät kotiin palaavia sankareitaan hukuttamalla heidät "lennätinnauhaan" ja paperisilppuun, ja eurooppalaiset ylistävät vastavihittyjä pareja heittelemällä heidän päälleen konfettia, kukkien terälehtiä tai riisiä.

Sanaa *yadah* käytetään kahdella toisiaan täydentävällä tavalla ilmaisemaan, että:

◆ Jumalan kansan uhraama ylistys sisältää joko ruumiillisia tai henkeen liittyviä eleitä

◆ ylistys on pohjimmiltaan tunnustavaa tai julistavaa.

Joissakin raamatunkäännöksissä sana *yadah* on käännetty sanalla "tunnustaa" (esimerkiksi kohdissa 1. Kun. 8:33–35; 2. Aik. 6:24–26; Job 40:14 ja Ps. 32:5) ja sanalla "kiittää" (esimerkiksi kohdissa 2. Sam. 22:50; 1. Aik. 16:4–8; Ps. 18:49, 30:12 sekä 136:1–3 ja 26). Näissäkin kohdissa kyseessä on kuitenkin täysin sama sana, joka muualla on käännetty sanalla "ylistää".

Ylistys ja palvonta

Sanaa *yadah* käytetään useissa kohdissa myös yhdessä sanan *halal* kanssa – kuten jakeissa 1. Aik. 29:13; 2. Aik. 31:2; Esra 3:11 ja Neh. 12:24. Tällaisissa kohdissa raamatunkääntäjät ovat yleensä kääntäneet sanan *halal* sanalla ylistää ja sanan *yadah* sanalla kiittää korostaakseen näiden kahden sanan välistä eroa. Nämä kohdat kuitenkin osoittavat, että Jumala odottaa ylistyksemme sisältävän sekä *halal*-ääntä että ruumiillisia tai henkeen liittyviä *yadah*-eleitä.

Sanan *yadah* käyttö viittaa aina sekä eleisiin että julistukseen. Meidän tuleekin siis varmistua siitä, että ymmärrämme ylistyksen sisältävän myös eleitä, ja että ymmärrämme sen, että ylistävät sanamme voivat olla niin kiitosta, tunnustamista kuin julkista julistamistakin: kaikki nämä ovat ylistystä.

Sanaa *yadah* käytetään myös yleisellä tasolla ylistyksellä – esimerkiksi kohdissa 1. Moos. 29:35; 2. Aik. 7:3; Ps. 9:1, 42:5, 44:8, 54:6, 57:9, 86:12, 108:3, 118:28, 138:1–2; Jes. 12:1 ja 4, 25:1, 38:19 sekä Jer. 33:11.

Zamar

Tämä verbi tulee kielisoittimen "soinnista", ja sitä käytetään Vanhassa testamentissa, kun ylistys liittyy laulamiseen tai soittimella soittamiseen.

Sanasta *zamar* on myös johdettu nimisana *mizmor*, joka tarkoittaa "psalmia". Sitä käytetään 57:n psalmin nimessä esittelemään "laulu, joka lauletaan soittimen säestyksellä".

Zamar on yleensä käännetty ilmauksella "laulaa ylistystä", ja se esiintyy esimerkiksi kohdissa Tuom. 5:3; 2. Sam. 22:50; Ps. 7:17, 9:11, 47:6, 61:8, 98:4, 108:1, 144:9, 147:7, 149:3 ja Jes. 12:5.

Shabach

Tämä verbi tulee juuresta, joka tarkoittaa "silittää, tyynnyttää tai tasoittaa". Se esiintyy kohdissa Ps. 65:7, 89:9 ja Sananl. 29:11, joissa sillä kuvataan vihan, meren ja vihollisten "tyynnyttämistä" tai "rauhoittamista". Muualla *shabach* viittaa "Jumalan rauhoittamiseen ylistyksellä". Tässä merkityksessä se esiintyy esimerkiksi kohdissa Ps. 63:4, 117:1, 145:4 ja 147:12.

Palvonta Hengessä ja totuudessa

Samaa tarkoittavaa sanaa *shebach* on käytetty kohdissa Dan. 2:23, 4:34 ja 37 sekä 5:4 ja 23.

Shabach on yleensä käännetty sanalla "ylistää", mutta joissakin käännöksissä siitä on käytetty sanoja "siunata", "kirkastaa" tai "kunnioittaa" – erityisesti, kun se esiintyy yhdessä sanan *halal* kanssa. Tästä voidaan päätellä, että ylistyksemme tulisi sisältää sekä *shabach*-lempeyden aikoja että *halal*-äänekkyyden hetkiä.

Todah

Tämä nimisana on yleensä käännetty "kiitokseksi", mutta joissakin raamatunkäännöksissä siitä käytetään myös sanaa "ylistys" – esimerkiksi kohdissa Ps. 42:4, 50:23 ja 56:12.

Vaikka palvonta, ylistys ja kiitos ovatkin monilta osin päällekkäisiä ilmauksia, ne eroavat toisistaan kahdella tapaa.

- ♦ Palvonta kohdistuu Jumalan olemukseen, ylistys Jumalan luontoon ja kiitos Jumalan toimintaan.

- ♦ Palvonta on kaiken kattava ilmaus jokaisesta sanasta, teosta ja asenteesta, joka on lähtöisin Jumalan korkeimman arvon ymmärtämisestä. Ylistys viittaa pohjimmiltaan sanalliseen, Jumalaa kiittävään julistukseen. Kiitos taas viittaa joko sanalliseen julistukseen tai anteliaaseen tekoon, joka ilmaisee kiitollisuutta siitä, mitä Jumala on tehnyt.

Tämä päällekkäisyys on tärkein syy sille, miksi sellaiset sanat kuin *yadah* ja *todah* on joskus käännetty sanalla "ylistys" ja joskus sanalla "kiitos". Niiden välillä on eroa, mutta tämä ero on harvoin merkittävä.

Uuden testamentin sanoja

On myös monia kreikan kielen sanoja, jotka on käännetty useimmissa englanninkielisissä (ja suomenkielisissä, suom. huom.) Uuden testamentin käännöksissä sanalla "ylistää" mutta joilla kaikilla on hieman toisistaan poikkeavat merkitykset.

Ylistys ja palvonta

Kaikkien näiden eri merkitysten tulee sisältyä siihen, kuinka ymmärrämme ylistyksen ja kuinka myös itse ylistämme.

- *Aineo*: tämä sana tarkoitti alun perin "tarinan kertomista", mutta Uudessa testamentissa sitä käytetään Jumalalle annetusta suullisesta ylistyksestä – esimerkiksi Luuk. 2:13 ja 20, 19:37, 24:53; Ap. t. 2:47, 3:8–9; Room. 15:11 ja Ilm. 19:5.

- *Epaineo*: tämä sana tarkoittaa "antaa kiitosta", ja se viittaa innokkaaseen suulliseen kiitokseen – esimerkiksi 1. Kor. 11:2, 17 ja 22. Nimisana *epainos* esiintyy kohdissa 2. Kor. 8:18; Ef. 1:12 ja 14; Fil. 1:11, 4:8; 1. Piet. 1:7 ja 2:14.

- *Humneo*: tämä kreikan kielen verbi on sanan "hymni" alkulähde, ja se tarkoittaa "laulaa ylistystä" – se esiintyy esimerkiksi kohdissa Matt. 26:30; Mark. 14:26; Ap. t. 16:25 ja Hepr. 2:12.

- *Psallo*: tämä sana tarkoittaa "kielisoittimen näppäilemistä", ja sillä viitataan ylistämiseen jollakin soittimella – kuten jakeessa Jaak. 5:13.

- *Exomologeo*: tämä sana tarkoittaa "tunnustaa", ja sillä viitataan avoimeen tunnustamiseen, ylistämiseen tai julistamiseen – se esiintyy kohdissa Matt. 11:25; Luuk. 10:21; Room. 14:11, 15:9; Fil. 2:11 ja Ilm. 3:5.

- *Eucharisteo*: vaikka tämä sana tarkoittaakin sanatarkasti "antaa kiitosta" ja on yleensä niin myös käännetty, se on itse asiassa kaikkein yleisin Uuden testamentin ylistystä tarkoittava sana ja sitä käytetään hyvin samalla tapaa kuin sanaa yadah.

Eucharisteo kuvaa ilon ilmaisemista Jumalalle, ja se on yksi Hengen hedelmän puolista. Se esiintyy esimerkiksi kohdissa Matt. 26:27; Mark. 8:6; Luuk. 17:16; Joh. 11:41; Ap. t. 28:15; Room. 1:8; 1. Kor. 14:18; Ef. 5:20; Kol. 1:3; 2. Tess. 2:13 ja Ilm. 11:17.

Palvonta Hengessä ja totuudessa

Monissa kirkkokunnissa myös kutsutaan ehtoollista "eukaristiaksi", koska tuota ateriaa pidetään pohjimmiltaan kiitoksen antamisena Kristuksen kuolemasta.

Raamatullinen ylistys

Koko Raamattu on täynnä ylistyksen purkauksia, jotka vaikuttavat nousevan spontaanisti siitä ilontäyteisestä perusmielialasta, joka on ominaista Jumalan kansan elämälle kaikkialla Raamatussa.

Raamattu tekee selväksi, että Jumala iloitsee luomakunnastaan ja että kaikkien luotujen tulisi ilmaista iloaan ylistämällä. Tämä havaitaan esimerkiksi kohdista 1. Moos. 1; Ps. 90:14-16, 104:31; Sananl. 8:30-31; Job 38:4-7 ja Ilm. 4:6-11.

Ylistys on yksi tärkeimmistä ja näkyvimmistä merkeistä, jotka erottavat Jumalan kansan muista ihmisistä. Ei-uskovat osoittavatkin uskon puuttumisensa juuri siinä, että he kieltäytyvät ylistämästä. Tämä havaitaan kohdista Room. 1:21; 1. Piet. 2:9; Ef. 1:3-14; Fil. 1:11 ja Ilm. 16:9.

Raamattu osoittaa, että Jumalan valtakunnan tuleminen merkitsee myös sitä, että Jumalan kansa ja koko luomakunta saavat takaisin syvän ilon ja kyvyn ylistää aidosti – Jes. 9:2; Ps. 96:11-13; Luuk. 2:13-14 ja Ilm. 5:9-14.

Osassa 3 havaitaan, että pyhäkköteltassa ja temppelissä tapahtuva ylistys ja palvonta olivat esimakua Jumalan valtakunnan ylistyksestä ja että ne nousivat ihmisten ilosta siitä, että he saivat olla Jumalan pelastavassa läsnäolossa – tämä havaitaan esimerkiksi kohdista 5. Moos. 27:7, 4. Moos. 10:10 ja 3. Moos. 23:40.

Jobin kirjan jae 1:21 kuitenkin osoittaa, ettei raamatullinen ylistys ilmaise ainoastaan ilon tunnetta, sillä ihmisille annettiin usein käsky iloita *Jahven* edessä riippumatta heidän tunteistaan tai olosuhteistaan – kuten kohdissa 5. Moos. 12:7 ja 16:11-12.

Temppelissä tapahtuvaan ylistykseen myös valmistauduttiin huolellisesti, joten se ei aina ollut spontaania. Kohdat 2. Moos. 15:20, 2. Sam. 6:14 sekä Ps. 42:4, 149:3 ja 150 osoittavat, että

Ylistys ja palvonta

siihen liittyi psalmeja, huutoja, kulkueita, vuorolaulua, tanssia ja soittimia.

Osassa 5 havaitaan, että ensimmäiset kristityt uskovat jatkoivat ilonsa ilmaisemista ottamalla edelleen osaa temppelissä tapahtuvaan palvontaan – kuten jakeissa Luuk. 24:53 ja Ap. t. 3:1. Jae Mark. 2:22 antaa kuitenkin ymmärtää, että kokemus uudesta elämästä Kristuksessa vaatii myös uudenlaiset tavat ylistää. Jeesuksen voiman kokeneet miehet ja naiset alkoivatkin yleensä ylistää spontaanisti – tämä havaitaan esimerkiksi kohdissa Luuk. 18:43 ja Mark 2:12. Lisäksi Uudessa testamentissa kerrotaan useista ylistyksen purkauksista tilanteissa, joissa ihmiset alkoivat ymmärtää tai kokea Jumalan voimaa – esimerkiksi kohdissa Ap. t. 2:46, 3:8, 11:18, 16:25 ja Ef. 1:1–14.

Kohdissa Kol. 3:16 ja Matt. 26:30 kerrotaan, että ensimmäiset uskovat käyttivät ylistyksessään ja palvonnassaan Vanhan testamentin psalmeja, ja niitä tarkastellaankin tämän kirjan osassa 4. Jakeet 1. Kor. 14:26, Kol. 3:16 ja Ilm. 5:8–14 taas osoittavat, että alkuseurakunta käytti ylistyksessään myös uusia lauluja, ja jakeissa Luuk. 1:46–55 ja 68–79, 2:29–32 ja Ap. t. 2:4–11 kerrotaan useista uudenlaisista profeetallisen ylistyksen muodoista.

Kiitosuhri

Jakeessa Hepr. 13:15 mainitaan "kiitosuhri" (tai englanninkielisten käännösten mukaan "ylistysuhri", suom. huom.). Tällä viitataan 3. Mooseksen kirjan kohtaan 7:11–21, jossa määritetään, mihin kohtaan Vanhan testamentin rituaaliuhreja kiittäminen kuuluu, ja kohtaan 5. Moos. 26:1–11, joka osoittaa, että kiitollisuuden tulee olla perimmäinen vaikutin lahjojen tuomiselle alttarille.

Tässä luvussa on tarkasteltu eri Raamatussa esiintyviä ylistyksestä ja palvonnasta käytettyjä sanoja ja alettu ymmärtää, kuinka laaja ja syvä raamatullisen ylistyksen ja palvonnan merkitys onkaan. Tämä laaja merkitys mielessä siirrymme nyt käsittelemään palvontaa/palvelemista

Palvonta Hengessä ja totuudessa

Vanhassa ja Uudessa testamentissa ja soveltamaan sitä myös omaan elämäämme.

Osa 3

Palvonta Vanhassa testamentissa

Vanhassa testamentissa palvonta on Jumalan kansan vastaus siihen, kun Jumala ilmoittaa luontonsa. Lisäksi Jumalan luonto kokonaisuudessaan – hänen pyhyytensä – määrittää, millainen hänen kansansa vastaus on. Esimerkiksi:

- koska Jumala on kaikkivoipa ja täydellinen, palvonnan täytyy kunnioittaa hänen pyhyyttään

- koska Jumala on vanhurskas ja hyvä, palvonnan täytyy tunnustaa ihmisten syntiongelma

- koska Jumala on armollinen ja rakastava, katuva palvoja voi odottaa saavansa Jumalan anteeksiannon ja lupauksen uudesta elämästä.

Se nimenomainen tapa, jolla nämä ajatukset liittyvät toisiinsa, vaihtelee palvontatilanteesta riippuen, mutta kaikki Vanhan testamentin palvonta alkaa sen tunnustamisella, että *Jahve* on se joka hän on ja että hänen kansansa on se joka se on – että *Jahve* on pyhä ja hänen kansansa ei.

Tämä palvonnan teema löytyy myös aivan kymmenen käskyn kärjestä – noiden kymmenen määräyksen, joita voidaan pitää yhteenvetona Jumalan kansalleen antamasta laista. Ensimmäinen käsky – 2. Moos. 20:3 – kieltää palvomasta vääriä jumalia ja kehottaa meitä palvomaan ainoastaan *Jahvea*. Koska *Jahve* on ainoa tosi Jumala, palvonta täytyy osoittaa ainoastaan hänelle. Toinen käsky – 20:4 – jatkaa palvonnan painottamista kertomalla meille, kuinka *Jahvea* tulee palvoa. Se tekee tämän kielteisellä tavalla, kieltämällä meitä palvomasta Jumalaa ihmiskäsin luoduilla esineillä.

Yhteenvetona voidaan sanoa, että vanhatestamentillisen palvonnan eri paikat, tavat ja puolet kaikki juhlistavat niitä

Palvonta Hengessä ja totuudessa

lukuisia armollisia tapoja, joilla Jumalan syntinen kansa voidaan tehdä kelvolliseksi kohtaamaan Jumalan pyhä läsnäolo ja kokemaan hänen pyhä olemuksensa.

Palvontapaikat
Kuten kirjassa *Jumalan kirkkaus seurakunnassa* havaitaan, nykyajan kristilliset palvontapaikat ovat yksinkertaisesti rakennuksia, joissa ihmiset voivat kokoontua. Niiden koko, muoto ja sijainti määräytyvät pikemminkin sosiaalisen tarpeen kuin hengellisten seikkojen perusteella. Kristityt voivat palvoa missä tahansa, ja monet ryhmät kokoontuvatkin palvomaan kouluissa, yleisissä kokoussaleissa ja jopa ulkona.

Vanhan testamentin aikaan tilanne oli toinen. Palvonta tapahtui vain tietyissä paikoissa, joissa Jumala oli aiemmin ilmestynyt jollakin aistittavissa olevalla tavalla. Ihmiset ajattelivat, että Jumalan pyhyys pystyi turvallisesti olemaan vuorovaikutuksessa syntisen maailman kanssa vain juuri noissa nimenomaisissa paikoissa.

Kun Mooses näki palavan pensaan (2. Moos. 3:5–6), hän tunnisti välittömästi, että se oli pyhä paikka, jossa Jumalaa voisi ja tulisi palvoa. Siitä ei koskaan tullut säännöllistä palvontapaikkaa, koska pensas oli niin kaukana Israelista, mutta myöhemmillä sukupolvilla oli useita samankaltaisia paikkoja, joissa he palvoivat Jumalaa, koska Jumala oli ilmoittanut itsensä niissä Israelin johtajille.

Pyhäkköteltta ja liitonarkku
Kohdassa 2. Moos. 33:7–40:38 kerrotaan, kuinka Egyptistä paenneet juutalaiset palvoivat Jumalaa erityisessä teltassa, jonka he pystyttivät leirinsä keskelle. He kutsuivat sitä "Jumalan läsnäolon teltaksi", "pyhäkköteltaksi" tai "ilmestysmajaksi".

Me saatamme pitää "pyhäkkötelttaa" *kiinteänä rakennuksena*, mutta se on Raamatun käyttämä sana *liikuteltavasta* teltasta, jonka Jumala täytti läsnäolollaan, näkyvällä pilvellä, joka oli merkki hänen kirkkaudestaan. Kun pilvi lähti siirtymään seu-

Palvonta Vanhassa testamentissa

raavaan paikkaan, Jumalan kansa keräsi pyhäkköteltan mukaansa ja seurasi tuota kirkkauden pilveä.

Vanhassa testamentissa on yksityiskohtaiset ohjeet siitä, kuinka pyhäkkötelttaa tuli pystyttää ja kuinka sitä tuli käyttää. Keskellä oleva erotettu alue oli merkkinä pyhimmästä osasta, ja sen ympärillä oli useita muita erotettuja alueita pyhäkkötelttaalueen ulkoreunoille asti. Pappien teltat oli pystytetty heti tämän rajan tuntumaan ja kansan teltat niiden taakse.

Hesekielin kirjan jae 42:20 osoittaa, että tämänkaltainen järjestely oli suunniteltu erottamaan pyhä siitä, mikä ei ollut pyhää, ja varmistamaan, että ainoastaan soveltuvat henkilöt saattoivat olla kosketuksissa Jumalan läsnäolon pyhyyden kanssa.

Pyhäkköteltan pyhimmässä osassa, "kaikkeinpyhimmässä", oli "liitonarkku". Se oli kullalla päällystetty puinen laatikko, joka sisälsi kaksi laintaulua, mannaa sisältävän astian ja Aaronin sauvan. Tämä havaitaan kohdista 2. Moos. 25:16 ja 21, 40:20; 5. Moos. 10:1–5 ja Hepr. 9:4–5.

Liitonarkku oli se paikka pyhäkköteltassa, jossa Jumala ilmoitti tahtonsa – kuten kohdista 2. Moos. 25:22, 30:36; 3. Moos. 16:2 ja Joos. 7:6 havaitaan. Liitonarkku myös samaistettiin aina hyvin läheisesti Jumalan henkilökohtaiseen läsnäoloon, esimerkiksi kohdissa 4. Moos. 10:35–36 sekä Joos. 4:5 ja 13.

Kukaan ei tiedä, mitä pyhäkköteltalle ja liitonarkulle lopulta tapahtui. Pyhäkkötelttaa ei mainita sen jälkeen, kun Jumalan kansa asettui Kanaaninmaahan. Liitonarkku mainitaan vielä kohdissa Joos. 3:1–5:1; Tuom. 20:18–28; 1. Sam. 4:1–11, 5:1–7:1 ja 1. Kun. 8:1–9. Kuningas Salomo asetutti sen Jerusalemin temppeliin, missä se säilyi siihen saakka, kunnes Nebukadnessarin armeija ryösti Jerusalemin. Uuden testamentin aikoina temppelin kaikkeinpyhin oli tyhjä.

Liitonarkku ja pyhäkköteltta olivat merkittävässä roolissa vanhatestamentillisen palvonnan kehityksessä. Ne korostivat sitä tärkeää totuutta, ettei Jumala ollut sidottu yhteen ainoaan paikkaan; ne osoittivat, että Jumalan voima ja läsnäolo voitiin tuntea vain siellä, missä *Jahve* valitsi ilmoittaa itsensä, ja ne

Palvonta Hengessä ja totuudessa

painottivat, että Jumalaa voitiin palvoa oikein vain siellä, missä hän valitsi ja mihin hän johdatti ja ainoastaan hänen valitsemallaan ja johdattamallaan tavalla.

Paikalliset pyhäköt

Ihmiset ovat aina halunneet palvoa lähellä asuinpaikkaansa, ja Vanha testamentti antaa ymmärtää, että useimmissa Vanhan testamentin aikaisissa kaupungeissa ja kylissä oli jonkinlainen palvontapaikka – yleensä ulkona taivasalla oleva alttari, jossa oli mahdollista uhrata.

Kohdissa 1. Moos. 13:18, 18:1–15, 26:23–26, 28:10–22, 31:43–55; Tuom. 20:18–28; 1. Sam. 1:1–3:21, 7:16–17, 10:3 ja 17–27, 11:14–15, 13:8–15; 1. Kun. 3:4–15, 5:1–6:37, 12:29–13:32; Aam. 3:14, 5:5–6 ja 7:16–17 viitataan paikallisiin pyhäkköihin Hebronissa, Beersebassa, Mispassa, Betelissä, Gilgalissa, Ramassa, Silossa ja Gibeonissa.

Tällaiset pyhäköt olivat osa Israelin uskonnollista elämää ennen Egyptistä lähtöä, mutta ne kiellettiin kansan saavuttua Kanaaninmaahan. Jumala halusi kansansa palvovan *hänen* valitsemassaan paikassa, ei *heidän itsensä* valitsemassa paikassa.

Jumalallisesta paheksunnasta huolimatta pyhäköt kukoistivat, kunnes Jerusalemin temppeli jätti ne varjoonsa. Temppelin suuri joukko pappeja ja muusikoita varmisti, että palvonta oli temppelissä niin vaikuttavaa, että ihmiset alkoivat hylätä pyhäkköjä ja tehdä niissä käymisen sijaan pyhiinvaelluksia temppeliin.

Monet paikalliset pyhäköt valitettavasti kannustivat ihmisiä palvomaan vääriä jumalia. Profeetat tuomitsivat tällaiset paikat, minkä seurauksena ne pakotettiin otettaviksi pois käytöstä. Tämä havaitaan kohdista 2. Kun. 18:1–8, 21:3, 23:1–20 ja Jer. 2:20.

Jerusalemin temppeli

Temppelin rakennustöistä kerrotaan kohdissa 1. Kun. 6:1–7:51 ja 2. Aik. 2:17–5:1. Sen yleinen pohjapiirros oli samankaltainen

Palvonta Vanhassa testamentissa

kuin pyhäkköteltalla: keskellä kaikkeinpyhin ja sen ympärillä muita erotettuja alueita. Palvonta tapahtui pääosin näillä erotetuilla alueilla, joita myös muunneltiin ajan saatossa – tosin pikemminkin kansan poliittisten liittoumien mukaan kuin *Jahven* ylistyksesi. Tämä havaitaan esimerkiksi kohdista 2. Kun. 16:10–18, 18:1–7 ja 21:1–18.

Kuninkaiden ja temppelin välillä oli läheinen yhteys, ja jae 2. Kun. 16:18 paljastaa, että palatsi oli yksityisen käytävän välityksellä yhteydessä temppeliin (vrt. v. 1933 käännös). Temppeli oli siis enemmän kuin vain hengellisen palvonnan paikka – se oli myös merkki kuninkaallisen suvun poliittisesta vallasta.

Jakeiden 2. Sam. 7:5–7; Jer. 7:1–27, 35:1–19 ja Jes. 66:1 kaltaiset kohdat antavat ymmärtää, että profeetat olivat toisinaan tyytymättömiä temppeliin. Jeesuksen tavoin (ks. Luuk. 19:45–46) hekin vastustivat aika ajoin sitä, mitä temppelissä tapahtui, tai he valittivat, että ihmiset luottivat enemmän temppeliin kuin Jumalaan. Jotkut profeetat tuntuivat jopa uskovan, että yksinkertainen teltta palveli paremmin liittouskoa *Jahveen* kuin upea temppeli.

Tästä huolimatta useimmat tavalliset juutalaiset olivat syvästi sitoutuneita temppeliin. Vaikka he tiesivät, ettei *Jahve* kirjaimellisesti asunut temppelissä, he silti uskoivat, että se oli paikka, jossa he saattoivat kokea Jumalan läsnäolon kaikista läheisimmin. Tämä havaitaan esimerkiksi kohdista 1. Kun. 8:27–30; Ps. 11:4, 26:8, 63:1–5, 84:1–4 ja 122:1.

Paikalliset synagogat
Esran ja Nehemian kirjoissa kerrotaan ajasta, jolloin juutalaiset palasivat pakkosiirtolaisuudesta ja rakensivat Jerusalemin temppelin uudelleen. Palvonta tuossa uudessa temppelissä ei kuitenkaan koskaan enää ollut samanlaista kuin kuninkaiden aikoina, sillä tärkeimmiksi palvontapaikoiksi muodostuivat pian paikalliset synagogat.

Synagogissa tapahtuva palvonta oli erilaista kuin temppelissä tapahtuva palvonta. Esimerkiksi:

Palvonta Hengessä ja totuudessa

- sen perustana olivat paikalliset yhteisöt, ja se oli paljon pienimuotoisempaa
- siihen ei kuulunut rituaaliuhreja
- sen pääkohdat olivat rukous sekä "lakien ja profeettojen" lukeminen ja tulkitseminen.

Kukaan ei tiedä, kuinka synagogat kehittyivät, mutta avaintekijä vaikuttaa olleen Esran painottama lain lukeminen ja tulkitseminen. Ihmisten tietoisuus siitä, että Jumala oli ollut heidän kanssaan pakkosiirtolaisuuden aikana, että hän oli hyväksynyt heidän "temppelittömän" palvontansa ja että hän oli tuonut heidät takaisin Israeliin, painotti sitä totuutta, ettei Jumalan läsnäoloa ja voimaa voitu rajata vain yhteen paikkaan.

Jumala oli kohdannut Joosefin vankilan sellissä, Mooseksen palavan pensaan kautta, Joonan suuren kalan vatsassa, Jeremian liejuisessa kaivossa ja Nehemiaan kuninkaallisessa palatsissa, joten synagogia syntyi kaikkialle Israeliin, koska ihmiset ymmärsivät, että heidän oli mahdollista kokea Jumalan läsnäolo lähestulkoon missä tahansa.

Palvontatavat

Kirjoissa *Toimiva rukous* ja *Pelastus armosta* havaitaan, että rukous ja uhraaminen olivat tärkeässä osassa Vanhan testamentin palvonnassa. Jakeet Jer. 6:20 ja Aam. 4:4 antavat lisäksi ymmärtää, että palvontaan liittyivät myös suitsukkeet ja antaminen, ja Psalmien kirjassa kerrotaan, että myös laulaminen, tanssiminen, huutaminen ja kulkueet olivat erottamaton osa palvontaa. Vanhassa testamentissa ei kuitenkaan koskaan anneta yksityiskohtaista selontekoa siitä, millainen palvontatilanteen tulisi olla.

Uhraaminen

Jakeiden 3. Moos. 1:1–7:38 sekä 4. Moos. 15:1–31 ja 28:1–29:40 kaltaisiin kohtiin on merkitty tarkat uhrien uhraamista koskevat ohjeet. Näitä ohjeita tarkastellaan yksityiskohtaisemmin kirjassa *Pelastus armosta*.

Palvonta Vanhassa testamentissa

Jakeet 1. Moos. 4:3-5 ja 8:20 osoittavat, että ihmiset palvoivat Jumalaa uhreilla aivan aikojen alusta alkaen ja että Jumala kohtasi ihmiset niissä hetkissä ja paikoissa, joissa he uhrasivat. Abrahamilla täytyi olla tapana uhrata uhreja, sillä muuten Iisak ei olisi osannut kysyä karitsasta jakeessa 1. Moos. 22:7.

Myöhemmin suuri joukko vitsauksia kohtasi egyptiläisiä, koska farao ei päästänyt israelilaisia lähtemään autiomaahan palvomaan Jumalaa uhreilla. Jakeet 2. Moos. 10:24-26 paljastavat kaksi merkittävää periaatetta koskien Vanhan testamentin uhraamista osana palvontamenoja.

Ensinnäkin ihmisten täytyi antaa Jumalan ohjata uhraamistaan, ja toisekseen he saivat uhrata ainoastaan sellaisia puhtaita eläimiä ja lintuja, jotka myös kuuluivat heille itselleen – uhraamiseen täytyi liittyä jonkinlaista aitoa ja tuntuvaa itsensä kieltämistä.

Kymmenes vitsaus toi tuomion Egyptille ja vapautuksen Israelille. Pääsiäinen (2. Moos. 11-13) oli alkusysäys paitsi Israelin elämälle kansana, myös Israelin järjestelmälliselle ja säännölliselle uhraamiselle.

Pääsiäisen jälkeen, kun Jumalan kansa edelleen vaelsi autiomaassa, Jumala antoi kansalle ohjeet uhraamisesta. Uhraamisen tuli koostua seuraavista viidestä pääritualista:

- polttouhri tai holokausti
- ruoka- tai viljauhri
- yhteysuhri
- syntiuhri
- syyllisyys-, korvaus- tai hyvitysuhri.

Voidaan sanoa, että:

- ruoka- ja yhteysuhrit auttoivat ihmisiä ilmaisemaan tunteitaan siitä, mitä oli olla Jumalalle kuuluva olento
- polttouhri edusti ihmisten omistautumista kaikelle, mitä heillä oli ja mitä he olivat – sekä Jumalan

Palvonta Hengessä ja totuudessa

hyväksyntää tälle

◆ yhteinen ateria pappien ja kansan kesken yhteysuhrin yhteydessä muistutti ihmisiä siitä, kuinka elintärkeä heidän suhteensa Jumalan kanssa oli

◆ synti- ja syyllisyysuhrit mahdollistivat sen, että ihmiset kykenivät ilmaisemaan syntiensä ja syyllisyytensä aiheuttamaa inhimillistä tunnetta siitä, että he olivat erossa Jumalasta, sekä sen, että he kykenivät huutamaan Jumalan puoleen ja pyytämään häntä peittämään syntinsä ja syyllisyytensä.

Kaikkien uhrien kohdalla kelpasi vain paras. Edellä havaittiin, että uhraajien täytyi uhrata tavalla, joka kulutti heidän henkilökohtaisia varojaan, mutta jae 5. Moos. 23:18 antaa lisäksi ymmärtää, ettei edes tätä hyväksytty, jos omaisuus oli hankittu vilpillisesti.

Rituaaliuhrit oli tarkoitettu uhrattaviksi henkilökohtaisesti ja kansallisella tasolla, yksityisesti ja julkisesti sekä säännöllisesti ja erityistarpeissa. Luvuissa 4. Moos. 28–29 luetellaan päivittäiset, viikoittaiset, kuukausittaiset ja vuosittaiset julkiset uhrit, ja 2. Mooseksen kirjan luku 12 osoittaa, kuinka pääsiäistä tuli perheissä juhlia.

Aina kun israelilaiset kääntyivät *Jahven* puoleen, heidän odotettiin palvovan häntä uhraamalla hänelle uhreja. Vanha testamentti osoittaa, että vaikka rituaaliuhreja annettiin erilaisissa tilanteissa ja useista eri syistä, itse uhraaminen tekona noudatti aina tiettyä samaa kaavaa. Tätä käsitellään yksityiskohtaisesti kirjassa *Pelastus armosta*.

Laulaminen ja musiikki

Psalmien kirja opettaa enemmän Jumalan kansan palvontatavoista kuin mikään toinen Vanhan testamentin kirja, ja sitä käsitelläänkin siksi tarkemmin osassa 4. Kun tarkastellaan sitä, mitä psalmeissa ja muissa Vanhan testamentin kirjoissa kerrotaan palvonnasta, havaitaan, että laulaminen ja musiikki olivat tärkeä osa sitä.

Palvonta Vanhassa testamentissa

Kohdasta 1. Kun. 18:27-29 selviää, että muissa muinaisissa uskonnoissa musiikkia käytettiin apuna hurmokseen pääsemiseen. Jakeissa 1. Sam. 10:1-13 taas annetaan ymmärtää, että muutamat Jumalan profeetoistakin käyttivät musiikkia joskus samaan tarkoitukseen, ja jae Aam. 5:23 kertoo, ettei Jumala mielly kaikkeen hengelliseen laulamiseen ja musiikkiin. Tästä huolimatta Jumalan kansan ylistys ei ollut oikeanlaista, jos siihen ei kuulunut iloista laulua ja musiikkia.

Jakeiden Ps. 22:3 ja 63:5 kaltaiset kohdat osoittavat, että vastaaminen Jumalan pyhään luonteeseen tämänkaltaisella palvonnalla on meille ihmisille hyvin luonnollista. Tietoisuus Jumalan hyvästä läsnäolosta saa ihmiset aina palvomaan häntä iloisilla ylistyslauluilla.

Kohdissa 1. Aik. 15:16-24, 16:4-7; Esra 2:41 ja 70 sekä 3:10-11 viitataan erityisiin kuoroihin, jotka ottivat osaa palvontaan, ja useissa psalmeissa on kertosäe, mikä antaa ymmärtää, että osan laulusta lauloivat palvojat ja osan taas kuoro. Tämä havaitaan esimerkiksi psalmeissa 42, 43 ja 46.

Kohdat 2. Sam. 6:5; 1. Aik. 25:1-5; Ps. 43:4, 68:25, 81:1-3, 98:4-6, 150:3-5 ja Jes. 30:29 osoittavat, että ihmiset soittivat tamburiineja, harppuja, lyyroja, trumpetteja, helistimiä, torvia, huiluja ja symbaaleja ylistäessään Jumalaa. Vanhan testamentin ylistys oli ennen kaikkea iloista, ja Psalmin 42 jae 4 antaa ymmärtää, että temppelissä vallitsi ylistyksen aikana lähes karnevaalimainen tunnelma.

Tanssiminen ja draama

Jotkut psalmit tuntuvat pitävän tanssimista itsestään selvänä asiana, ja toisissa taas ihmisiä aktiivisesti rohkaistaan tanssimaan – tämä havaitaan esimerkiksi jakeissa Ps. 26:6, 149:3 ja 150:4. Kohdassa 2. Sam. 6:1-22 jopa kerrotaan, kuinka kuningas Daavid otti osaa julkiseen tanssiin ja kuinka hänen vaimonsa nuhteli häntä siitä, koska se sai hänet näyttämään typerykseltä.

Kohdissa Ps. 26:6, 42:4, 48:12-14, 68:24-27 ja 118:19

Palvonta Hengessä ja totuudessa

kerrotaan kulkueista, joissa palvojat kulkivat temppeliin, sieltä pois ja kaupungin läpi osana ylistystä.

Jakeet Ps. 46:8-10, 48:8 ja 66:5 taas antavat ymmärtää, että Jumalan suuret teot voidaan esittää näytelminä palvonnan aikana ja että tämä opettaa hänen voimastaan. Lisäksi jae Ps. 26:6 osoittaa, että vertauskuvallisilla teoilla oli osansa palvonnassa. Luovuuden ja taiteiden roolia osana palvontaa käsitellään tarkemmin tämän kirjan osassa 9.

Rukous

Uudessa testamentissa kerrotaan temppelissä pidetyistä säännöllisistä rukoushetkistä, mutta näitä ei mainita Vanhassa testamentissa. Tästä huolimatta rukous oli aina ehdottoman tärkeä osa palvontaa Israelissa.

Läpi Vanhan testamentin on selvää, että Hannan kaltaiset tavalliset ihmiset saattoivat tuoda ongelmansa Jumalalle – aivan yhtä lailla kuin profeetat ja kuninkaatkin. Tämä havaitaan kohdista 1. Sam. 1:1-18; 1. Kun. 8:22-61 ja 18:36-37.

Jakeet 5. Moos. 26:5-10 osoittavat, että "laissa" oli maininta käyttää rukouksia erityisissä tilanteissa, ja Psalmien kirjassa on useita rukouksia, joita yksittäiset palvojat ja useista palvojista koostuvat ryhmät käyttivät.

Kohdat 1. Sam. 1:26; 1. Kun. 8:22 ja 54; Ps. 5:7, 51:17, 63:4 ja Jes. 1:15 myös osoittavat, että rukoilla voitiin monissa eri asennoissa: sisäinen asenne oli aina tärkeämpää kuin ulkoinen asento.

Palvonta-ajat

Vanhan testamentin palvontaa olivat sekä se tapa, jolla ihmiset elivät, että se, mitä he pyhissä paikoissa tekivät. Jumala oli koko kansansa käytettävissä kaikkina aikoina ja kaikissa paikoissa, ja niinpä myös paikalliset pyhäköt, pyhäkköteltta ja temppeli olivat aina avoinna ihmisille, jotka halusivat tulla palvomaan.

Lisäksi oli kuitenkin myös säännöllisesti erityisiä aikoja, jolloin ihmiset lopettivat työnsä tullakseen yhteen juhlistamaan Jumalan armoa ja hyvyyttä.

Palvonta Vanhassa testamentissa

Sapatti

Heprean kielen sana *sabbat* tarkoittaa "lopettamista" tai "lepoa", ja jakeet 1. Moos. 2:2 sekä 2. Moos. 20:11 ja 31:17 ilmoittavat, että Jumala "lepäsi" luomistyöstään ja "hengähti" (vrt. v. 1933 käännös).

Vanhan testamentin sapatin periaate pidättäytyä työnteosta yhtenä päivänä viikossa pohjautuu Jumalan henkilökohtaiseen esimerkkiin sapatin levosta. Jumala ei tietenkään ollut väsynyt työmies, joka tarvitsi lepoa, mutta hänen tekonsa antoi ihmiskunnalle tärkeän esimerkin noudatettavaksi. Jakeet 2. Moos. 23:12 ja 34:21 osoittavat, että sapatti oli alkujaan levon päivä, jolloin kaikki – myös orjat ja ulkomaalaiset – saattoivat kerätä voimia työntekoa varten.

Vaikuttaa siltä, että palvonta oli osa tätä sapatin virkistäytymisprosessia. Jakeiden 3. Moos. 19:30; 4. Moos. 28:9–10; 2. Kun. 11:5–8; Jes. 1:13, 2:11; Jer. 17:21–22 ja Aam. 8:5 kaltaisissa kohdissa kerrotaan, mitä sapattina tapahtui, ja nämä jakeet myös osoittavat, ettei tuo toiminta aina miellyttänyt Jumalaa.

Juutalaisille sapatti oli päivä, jolloin heidän tuli muistella kansallisia juuriaan, juhlistaa Jumalan suuruutta ja uudistaa sitoutumisensa liittouskoon. Juuri tästä syystä laki määrääkin (2. Moos. 8–11), että Jumalan kansan tulee noudattaa sapattia ja pyhittää tuo päivä kokonaan *Jahvelle*.

Raamatun sapattia koskeva opetus perustuu kohdille 2. Moos. 31:12–17 ja 5. Moos. 5:13–15, ja jakeet Jes. 58:13–14 osoittavat, että sapatti oli tarkoitettu iloiseksi juhlapäiväksi.

Pääsiäinen

Jumalan kansa muisteli toistuvasti Egyptin orjuudesta vapautumistaan. He juhlistivat sitä vuosittaisella juhlalla, jota he viettivät kodeissaan: tämä oli merkkinä siitä tavasta, jolla Jumalan liittosuhde heidän kanssaan oli tullut todistetuksi Egyptistä lähtöön liittyvissä tapahtumissa.

Ensin jokaisessa kodissa uhrattiin karitsa. Tämä tehtiin täysin yksityisesti vain oman perheen kesken. Myöhemmin

Palvonta Hengessä ja totuudessa

temppelissä kuitenkin uhrattiin myös useampia karitsoja suureen hengelliseen tapahtumaan liittyvän upean loiston saattelemana, ja nämä karitsat syötiin sitten kodeissa vietettävissä perhejuhlissa. Tämä painotti Egyptistä vapautumiseen liittyvän *kansallisen* ja *perhekeskeisen* puolen välistä yhteyttä.

Tätä juhlaa pidettiin niin tärkeänä, että ne, jotka eivät voineet viettää pääsiäistä, koska olivat rituaalisesti epäpuhtaita, saattoivat juhlia sitä kuukauden kuluttua oikeasta päivästä. Sellaiset kohdat kuin 4. Moos. 9:1-4; 5. Moos. 16:1-18; 2. Kun. 23:21-22; 2. Aik. 30:1-27 ja 35:1-19 havainnollistavat pääsiäisen tärkeää roolia Vanhan testamentin palvonnassa.

Sadonkorjuujuhlat
Vanhassa testamentissa mainitaan kolme suurta juhlaa, jotka näyttävät liittyneen maanviljelyskausiin. Raamattu liittää ne kuitenkin pikemminkin merkittäviin tapahtumiin Israelin historiassa kuin vuodenaikojen vaihteluun.

Happamattoman leivän juhla liittyi ohrankorjuuseen, mutta sitä juhlittiin samaan aikaan vuodesta kuin pääsiäistä. Nämä kaksi juhlaa liittyivät siis läheisesti toisiinsa, ja niitä molempia vietettiin Egyptistä pakenemisen muistoksi. Tämä löytyy kohdista 3. Moos. 23:9-14 ja 4. Moos. 28:16-25.

Viikkojuhla tai *helluntai* juhlisti vehnänkorjuun päättymistä, ja silloin uhrattiin erityisiä uhreja kaikissa pyhäköissä. Myöhemmin tästä tuli juhla, jossa Jumalan kansa juhlisti lain antamista Siinainvuorella. Tämä löytyy kohdista 4. Moos. 28:26-31; 3. Moos. 23:15-21 ja 5. Moos. 16:12.

Lehtimajajuhlaa vietettiin kasvukauden lopussa hedelmänkorjuun kunniaksi. Se oli erityisen iloinen juhla, jonka aikana palvojat asuivat hatarissa majoissa seitsemän päivän ajan – osittain siksi, koska näin ensimmäiset maanviljelijät olivat tehneet satonsa suojelemiseksi, mutta pääosin heidän esi-isiensä erämaavaelluksen muistoksi, jonka aikana esi-isät olivat nukkuneet karuissa teltoissa.

Palvonta Vanhassa testamentissa

Tämä juhla juhlisti Israelin liittouskoa, ja monet tutkijat uskovat, että siihen kuului hetki, jossa ihmiset pyhittäytyivät uudelleen Jumalan lain ja liiton vaatimuksille. Tästä juhlasta voidaan lukea kohdista 2. Moos. 24:7; 3. Moos. 23:33–44; 5. Moos. 16:13–17, 27:9–10, 31:9–13; Joos. 24:1–28 ja Neh. 8:13–18.

Muut juhlat
Jumalan kansa vietti joka vuosi myös kolmea muuta tärkeää juhlaa, jotka eivät liittyneet maanviljelykseen.

Uudenvuodenjuhla – uudenvuodenjuhla mainitaan kohdissa 4. Moos. 29:1 ja 3. Moos. 23:24. Sitä kutsuttiin "muistopäiväksi, jolloin puhallettiin torviin" ja "sapatiksi". Kyseisenä päivänä Jumalan kansa lepäsi työstään, palvoi Jumalaa uhreilla ja juhlisti kansakuntana olemistaan.

Purim – tämä juhla oli myöhempi lisäys juutalaisten uskonnolliseen vuoteen, ja siitä on kerrottu Esterin kirjan luvussa 9. Mordokai määräsi sen vietettäväksi sen muistoksi, kun juutalaiset pelastuivat ihmeellisellä tavalla Hamanin juonilta. Se oli herkuttelun, ilonpidon ja käytännön pilojen täyteinen päivä.

Suuri sovituspäivä – suuresta sovituspäivästä (jom kippur) kerrotaan 3. Mooseksen kirjan luvussa 16. Se oli vuosittainen kansallinen uhri syntien edestä – vastakohtana säännöllisille *henkilökohtaisille* uhreille syntien edestä. Se oli juutalaisen vuoden tärkein päivä ja ainoa tilanne, jossa joku sai mennä "kaikkeinpyhimpään", ja tällöinkin sinne sai mennä vain ylipappi.

Ylipappi otti kaksi vuohipukkia koko Israelin kansan kaikkien syntien sovitukseksi. Hän surmasi yhden vuohipukin ja pirskotti sen verta alttarille tavalliseen tapaan. Sitten hän asetti molemmat kätensä toisen vuohipukin pään päälle, tunnusti Jumalan kansan kaiken pahuuden ja kapinan ja ajoi vuohipukin pois autiomaahan. Näin vuohi "kantoi" vertauskuvallisesti israelilaisten synnit pois. Tätä juhlaa käsitellään tarkemmin kirjassa *Pelastus armosta*.

Palvonta Hengessä ja totuudessa

Monitahoinen palvonta

Edellä havaittiin, että Vanhan testamentin palvonta oli hyvin monitahoista, mutta saarnaamista se ei sisältänyt.

Nehemian kirjan jakeet 8:7–9 osoittavat, että pakkosiirtolaisuuden jälkeen palvonnan aikana myös selitettiin lakia, mutta tätä ennen pääpaino oli aina ylistyksellä ja juhlinnalla.

Palvonta oli ihmisten vastaus Jumalalle, kun hän oli ensin tehnyt itsensä tunnetuksi historiallisten tapahtumien ja ihmisten päivittäisten kokemusten kautta. Kun ihmiset menivät pyhäkköihin, he saivat muistutuksen Jumalan hyvyydestä menneisyydessä, ja tämän myötä he saivat myös uutta toivoa elämäänsä. Samalla Jumalan pyhyys kuitenkin haastoi heitä, sillä se laittoi heidät näkemään sen, että he tarvitsivat parannuksen tekemistä ja anteeksiantoa. Näiden varmistamiseksi ihmiset sitten uhrasivat uhreja.

Ajan kuluessa vanhatestamentilliseen palvontaan liittyvä samojen asioiden toistaminen yhä uudelleen ja uudelleen sai profeetat kuitenkin kyseenalaistamaan tämän asioiden toistamisen toimivuuden ja näkemään sen pelkästään yhtenä vaiheena tiellä läheisempään ja syvempään liittosuhteeseen Jumalan kanssa.

Profeetat, papit ja kuninkaat

Vanhan testamentin muodollisen palvonnan järjestelmä vaati joitakin kokopäiväisiä työntekijöitä pitämään huolta palvontapaikoista ja valvomaan sitä, mitä näillä palvontapaikoilla tapahtui. Raamatussa viitataan usein portinvartijoihin, muusikoihin ja muihin oman alansa osaajiin, jotka palvelivat temppelissä. Israelin palvonnan avainhenkilöitä olivat kuitenkin kuninkaat, papit ja profeetat.

Kuninkaat

Kuninkailla oli läpi koko Israelin ja Juudan historian tärkeä rooli yhteisissä palvontahetkissä. Kuninkaat esimerkiksi:

- ♦ määräsivät palvontapaikat – 2. Sam. 6:17, 24:25; 1. Kun. 5:1–6:14, 12:26–33 ja Aam. 7:13

Palvonta Vanhassa testamentissa

- ottivat hoitaakseen uskonnollisten määräysten laatimisen– 1. Kun. 15:11–15; 2. Kun. 1:1–18, 16:1–18, 18:1–7, 21:1–9 ja 22:3–23:23
- johtivat palvontaa – 1. Sam. 13:8–10, 14:35; 2. Sam. 6:1–19, 24:25; 1. Kun. 3:3–4, 8:14–66, 12:32–13:1; 2. Kun. 16:1–16 ja 19:14–19.

Papit

Pakkosiirtolaisuuden ja kuninkaiden ajan jälkeen papeista tuli poliittisia johtajia, mutta heidän hengelliset toimensa olivat silti edelleen tärkein osa heidän työtään. Raamattu kertoo, että papit:

- huolehtivat koko maan pyhäköistä – Tuom. 17:1–13; 1. Sam. 1:1–3:21 ja Aam. 7:10–13
- antoivat neuvoja, kun niitä heiltä kysyttiin – 1. Sam. 9:3–16
- antoivat palvontaa koskevia ohjeita – 3. Moos. 10:8–11, 13:1–8; Hes. 22:26, 44:23 ja Hagg. 2:11–14
- toimittivat uhrit ja kaatoivat uhriveren alttarille – 3. Moos. 1:1–7:38; 4. Moos. 15:1–31 ja 28:1–29:40
- pitivät huolta liitonarkusta ja laintauluista – Joos. 3:6–17 ja 4:9–11
- toimivat välimiehinä Jumalan ja kansan välillä – 4. Moos. 6:22–26 ja 1. Sam. 1:17.

Juuri tämä välimiehen rooli oli kaikkein ominaisin osa pappien tehtävää. Koska papit olivat erityisesti Jumalalle pyhitettyjä ihmisiä, he saattoivat kestää palvontapaikan pyhyyden. Pappien välimiehenä toimimisen kautta Jumala ja ihmiset tuotiin palvonnan yhteydessä aistittavissa olevalla tavalla yhteen.

Papit olivat ainoita, jotka palvelivat yksinomaan Jumalaa. Jakeet 2. Moos. 19:4–6 osoittavat, että Jumalan perimmäinen tarkoitus oli saada pelkästään papeista koostuva kansa, joka

Palvonta Hengessä ja totuudessa

olisi olemassa hänen kirkkautensa ylistykseksi. Esikuvaksi tästä tehtävästä papit kutsuttiin palvelemaan lakkaamatta pyhäkössä.

Kun papit toimivat oikealla tavalla temppelissä ja pyhäkköteltassa, Jumalan kirkkaus ilmestyi ja Jumalan pyhä läsnäolo tuli pyhäkköön. Tämä havaitaan esimerkiksi kohdista 2. Moos. 40:34–35 ja 2. Aik. 5:13–14.

Papit oli kutsuttu Jumalan läsnäoloon, ja tämä on edelleen kaiken todellisen palvonnan tavoite. Kun papit antoivat Jumalalle sen palvonnan, jota hän odotti, koko kansa sai kokea Jumalan ilmestymisen ja siunauksen. Kuten kirjassa *Jumalan kirkkaus seurakunnassa* havaitaan, tämä tehtävä kuuluu nykyään meille. Vanhassa liitossa tämä papillinen virka oli varattu vain yhdelle heimolle ja sukukunnalle, mutta nykyään se on sitä vastoin koko seurakunnan kaikille uskoville annettu kutsumus.

Herran kirkkaus ja hänen läsnäolonsa siunaukset virtaavat, kun me täytämme papillisen tehtävämme uhrata jatkuvaa ylistystä ja palvontaa kaikkivaltiaalle Jumalalle.

Profeetat
Jotkut nykyuskovat tuntuvat ajattelevan, että papit ja profeetat olivat vastakkaisilla puolilla: että papit keskittyivät vain merkityksettömään rituaaliin ja että profeetat toivat elämää antavan sanoman Jumalalta. Jae Jer. 18:18 kuitenkin osoittaa, että papit ja profeetat täydensivät toisiaan.

Vaikka onkin totta, että jotkut profeetat kritisoivat kuollutta muodollisuutta – kuten kohdissa Jes. 1:10–17; Aam. 5:21–24; Hoos. 6:6 ja Miika 6:6–8 havaitaan – profeetoilla oli myös osansa kansan järjestäytyneessä palvonnassa. Esimerkiksi:

- ◆ papit ja profeetat toimivat rinta rinnan – Jer. 5:31, 23:11, 26:7 ja 16, 29:26; Valit. 2:20 ja Sak. 7:1–3

- ◆ joillakin profeetoilla oli oma huone temppelissä – Jer. 35:3–4

- ◆ profeetat toivat sanomansa usein järjestäytyneen

Palvonta Vanhassa testamentissa

palvonnan yhteydessä ja liittivät sanomansa usein tärkeimpien juhlien yhteyteen

◆ jotkut profeetat olivat papillisten sukujen jäseniä – Jer. 1:1 ja Hes. 1:1

◆ jotkut psalmit antavat ymmärtää, että joku puhui Jumalan nimessä palvontamenojen liturgian aikana, ja jotkut psalmit taas sisältävät suoraan Jumalalta tulleita sanomia – Ps. 12:5, 81:5–16, 85:9–13 ja 91:14–16.

On kiinnostavaa huomata, että samat ihmiset, joita kutsutaan "leeviläisiksi" 2. Aikakirjan jakeessa 34:30, nimetään profeetoiksi 2. Kuninkaiden kirjan jakeessa 23:2. Lisäksi sekä 1. että 2. Aikakirjassa näillä "leeviläisillä" kerrotaan olleen nimenomaan profeetoille ominaisia tehtäviä, esimerkiksi sanomien lausuminen Jumalan puolesta palvontamenojen aikana – tämä havaitaan esimerkiksi kohdissa 1. Aik. 25:1–6 ja 2. Aik. 20:13–19.

Kansa

Useimmat palvojat eivät olleet profeettoja, pappeja tai kuninkaita. He olivat tavallisia työtä tekeviä miehiä ja naisia, jotka elivät pienissä kaupungeissa ja kylissä eri puolilla Israelia. Suurimmassa osassa Vanhaa testamenttia kerrotaan vain hyvin vähän siitä, millaista näiden ihmisten palvonta tarkalleen ottaen oli, mutta yksi kirja tekee tässä poikkeuksen. Se onkin siksi perustavanlaatuinen kirja sen ymmärtämiseksi, millaista tavallisten ihmisten palvonta oli – ja millaista meidän palvontamme nykyään tulisi olla.

Psalmien kirja vaikuttaa olevan yksityiskohtainen selonteko palvontamenoista Jerusalemin temppelissä kuninkaiden aikakaudella juuri ennen Babylonian pakkosiirtolaisuutta. Tämä pitkä Vanhan testamentin kirja on niin tärkeä ja perustavanlaatuinen raamatullisen hengessä ja totuudessa tapahtuvan palvonnan kannalta, että tässä kirjassa siirrytään seuraavaksi tarkastelemaan sitä yksityiskohtaisemmin.

Osa 4

Palvonta Psalmien kirjassa

Vanhan testamentin Psalmien kirja – sanatarkasti "ylistyslaulut", *tehillim* – sisältää 150 hengellistä runoa, jotka on järjestelty viiteen "pienimuotoiseen kirjaan" – 1–41, 42–72, 73–89, 90–106 ja 107–150. Jokaisen näiden viiden kokoelman päättymisen merkkinä on "doksologia", muodollinen Jumalaa ylistävä lauselma – ks. esimerkiksi 41:13. Psalmi 150 taas vaikuttaa olevan doksologia koko Psalmien kirjalle.

Useimmat tutkijat ajattelevat, että psalmit koottiin näiksi viideksi kirjaksi, jotta niitä voitaisiin käyttää palvontamenoissa uudelleen rakennetussa temppelissä – jonka Nehemia rakennutti Jerusalemiin pakkosiirtolaisuuden jälkeen.

Psalmit 137 ja 126 kirjoitettiin varmastikin tuohon aikaan, mutta suurin osa muista psalmeista kirjoitettiin kauan ennen pakkosiirtolaisuutta, kuninkaiden aikakaudella. Tämän vuoksi ne kertovatkin, kuinka Israelin kansa palvoi Jumalaansa tuhansia vuosia ennen Kristuksen syntymää.

Nämä viisi kokoelmaa valittiin todennäköisesti aiemmista ja erillisistä kokoelmista – ehkäpä Asafin (50 ja 73–83), korahilaisten (42, 49, 84–85 ja 87–88) ja Daavidin (3–41 ja 51–72) "virsikirjoista" sekä erityisiin tilaisuuksiin, kuten vuosittaiseen pyhiinvaellukseen Jerusalemiin (120–134) ja perheessä vietettävään pääsiäisen juhla-ateriaan (105–107, 111–118, 135–136 ja 146–150), tarkoitetuista "nuottivihoista".

Se että jotkut psalmit tuntuvat toistavan toisiaan, vaikuttaisi todistavan, että oli olemassa useampia aiempia, yhtä aikaa käytössä olleita kokoelmia. Toisiaan toistavia psalmeja ovat esimerkiksi 14 ja 53, 40:13–17 ja 70 sekä 108, 57:7–11 ja 60:5–12.

Palvonta Hengessä ja totuudessa

Kirjassa *Isän tunteminen* perehdytään siihen, kuinka ehdottoman tärkeää Jumalan nimen ymmärtäminen on. Tämä on erityisen tärkeää juuri Psalmien kirjassa, sillä psalmit paljastavat enemmän Jumalan nimestä ja luonnosta kuin mikään toinen Raamatun kirja. Vaikuttaakin itse asiassa siltä, että viisi psalmien kokoelmakirjaa koottiin juuri Jumalan nimen ympärille: esimerkiksi ensimmäisessä, neljännessä ja viidennessä kirjassa palvotaan lähes yksinomaan Jahvea, kun taas toisessa ja kolmannessa kirjassa keskitytään palvomaan *Elohimia*.

Psalmien otsikot

Useimmissa (englannin- ja suomenkielisissä) raamatunkäännöksissä lähes kaikilla psalmeilla on jokin otsikko. Vaikka nämä otsikot eivät olleet osa alkuperäisiä raamatullisia psalmeja, ne ilmentävät perinteisiä juutalaisia käsityksiä psalmeista.

Joissakin otsikoissa on musiikillisia ohjeita. Esimerkiksi *Michtam* psalmeissa 56–58 tarkoittaa luultavasti "lauletaan hiljaisella äänellä". Toiset otsikot taas määrittävät käytettävän sävelen, esimerkiksi Ps. 56 "Vaikeneva kyyhkynen kaukaisessa maassa", Ps. 57 "Älä tuhoa" ja Ps. 60 "Liiton lilja". Ja muutamissa otsikoissa kerrotaan, millä soittimilla kyseinen psalmi tulee soittaa – esimerkiksi Ps. 4, 5 ja 6.

Jotkut otsikot liittävät psalmin tiettyyn henkilöön, esimerkiksi Ps. 88 "Hemaniin", Ps. 89 "Etaniin" ja Ps. 90 "Moosekseen". Osassa taas kerrotaan, millaisesta psalmista siinä on kyse. Esimerkiksi Ps. 145 on ylistyslaulu, Ps. 100 kiitospsalmi, Ps. 89 mietevirsi (vrt. v. 1933 käännös), Ps. 90 rukous, Ps. 45 rakkauslaulu ja niin edelleen. Useammat otsikot myös liittävät kyseessä olevan psalmin johonkin tiettyyn tapahtumaan – esimerkiksi Ps. 50, 51, 54, 56 ja 57.

Daavidin psalmit

Meillä ei ole tietoa siitä, mitä jotkut perinteiset otsikot tarkoittavat. Esimerkiksi ilmaus "Daavidin psalmi" (joka

Palvonta Psalmien kirjassa

esiintyy 73 psalmin otsikossa) saattaa joskus tarkoittaa, että kyseinen psalmi oli kirjoitettu Daavidille, toisinaan taas, että Daavid oli itse kirjoittanut sen, ja joskus, että se oli osa palatsin julkaisemaa kokoelmaa.

Kohdassa 1. Sam. 16:16-23 kerrotaan, että Daavid oli lahjakas muusikko ja runoilija, ja jakeet 1. Aik. 25:1-8 osoittavat, että hän oli erittäin kiinnostunut profeetallisesta musiikista. Tämän vuoksi onkin todennäköistä, että hän on itse kirjoittanut suuren osa niistä psalmeista, joiden on perinteisesti ajateltu olevan hänen psalmejaan. Psalmi 18 onkin itse asiassa muokattu versio hänen runostaan, joka löytyy 2. Samuelin kirjan luvusta 22. Useat psalmit myös liittyvät läheisesti tiettyihin tapahtumiin Daavidin elämässä ja vaikuttavat ilmaisevan hänen henkilökohtaisia tunteitaan ja Jumalalle antamiaan vastauksia. Esimerkiksi:

- Ps. 59 ja 1. Sam. 19:11-24
- Ps. 34 ja 1. Sam. 21
- Ps. 57 ja 142 sekä 1. Sam. 22:1-5 ja 24:3-15
- Ps. 52 ja 1. Sam. 22
- Ps. 54 ja 1. Sam. 23:19-29
- Ps. 63 ja 1. Sam. 24:1-2, 24:22 sekä 2. Sam. 15:13-37
- Ps. 60 ja 2. Sam. 8:13
- Ps. 32 ja 51 sekä 2. Sam. 11-12
- Ps. 3 ja 2. Sam. 15:13-37
- Ps. 18 ja 2. Sam. 22.

Erilaisia psalmeja

Psalmit vaikuttavat ilmaisevan koko laajan kirjon inhimillisiä tunteita ja kokemuksia syvästä masennuksesta aina suunnattomaan iloon. Jotkut psalmit (kuten 145-150) ovat ihania ylistyslauluja Jumalalle ja sellaisia, joita voivat käyttää palvojat, joilla on rauha Jumalan ja maailman kanssa. Toiset

Palvonta Hengessä ja totuudessa

psalmit taas heijastelevat ihmiselämän synkkiä ja kipeitä hetkiä.

Jotkut psalmit (kuten 51 ja 130) on tarkoitettu palvojille, jotka tunnistavat, että heidän ongelmiensa syy on heidän henkilökohtainen syyllisyytensä. Toiset taas (kuten 13 ja 71) on tarkoitettu palvojille, jotka pitävät itseään syyttöminä ja ajattelevat, ettei heidän pitäisi joutua kärsimään.

Monet psalmit (kuten 44, 74, 80 ja 83) mahdollistavat sen, että koko kansa voi yhdessä vastata Jumalalle kansallisen epävarmuuden ja onnettomuuden hetkellä. Jotkut harvat (kuten 145) auttavat ihmisiä juhlistamaan yhdessä suurta tapahtumaa, kuten kruunajaisia tai kuninkaallisia häitä. Toiset taas (kuten 30, 92 ja 116) ovat lauluja, joiden avulla yksittäiset ihmiset voivat ilmaista kiitollisuuttaan Jumalalle pelastuttuaan jostakin henkilökohtaisesta koetuksesta.

Joissakin psalmeissa anotaan jotakin Jumalalta ja joissakin ylistetään häntä. Osassa anotaan anteeksiantoa ja toisissa taas vihollisten tuhoutumista. Osassa rukoillaan kuninkaan puolesta ja toisissa taas kansan puolesta. Joissakin psalmeissa pohdiskellaan elämän ongelmia ja joissakin ylistetään Jumalan lain mahtavuutta. Monet psalmit ovat myös useiden eri aihepiirien sekoituksia, mutta kaikki psalmit olivat osa Jumalan kansan palvontaelämää.

Heprealaisia runoja
Jos Psalmien kirjaa halutaan ymmärtää oikein ja jos sitä halutaan hyödyntää nykyajan palvonnassa, on syytä ymmärtää, että se on kokoelma innoitettuja heprealaisia runoja, jotka oli tarkoitettu käytettäviksi palvontamenoissa. Psalmit eivät ole luettaviksi tarkoitettuja saarnoja tai keskusteltaviksi tarkoitettuja opinkappaleita – ne ovat laulettaviksi tarkoitettuja lauluja. Useimmat tutkijat pitävätkin Psalmien kirjaa toisen temppelin viisiosaisena hengellisenä laulukirjana.

Monien nykyihmisten mielestä runous on ennen kaikkea etäistä ja älyllistä. Heprealainen runous on kuitenkin paljon lähempänä nykyaikaista puhetyyliä kuin nykyrunous.

Palvonta Psalmien kirjassa

Esimerkiksi jakeen Tuom. 5:30 tapa käyttää *toistoa* keinona tehdä kyseisestä kohdasta vaikuttavampi ja helpommin muistettava muistuttaa pitkälti Winston Churchillin klassisia sota-ajan puheita.

Heprealaisen runouden erottaa meidän runoudestamme pääasiassa sen runsas *parallelismin* käyttö, eli tietyssä säkeessä olevan ajatuksen toistaminen toisessa säkeessä, jonka kanssa se kuuluu yhteen – ks. esimerkiksi jae 4. Moos. 23:19. Tämä keino ilmentää jollakin tapaa suurta arvokkuutta ja luo tilan tuntua, minkä ansiosta ajatuksella on aikaa tehdä vaikutus kuulijaan. Se myös mahdollistaa sen, että runoilija voi esitellä useamman kuin yhden puolen jostakin asiasta, kuten jakeessa Jes. 55:8.

Jotkut heprealaisen runouden puolet katoavat täysin kääntämisen seurauksena. Esimerkiksi Psalmi 119 on aakkosellinen runo, jossa on 22 yhtä pitkää osaa (kahdeksan nykyjakeen mittaista). Näistä jokainen alkaa yhdellä heprealaisten aakkosten 22:sta kirjaimesta. Myös Psalmeissa 34, 111, 112 ja 145 käytetään tätä samaa tehokeinoa.

Parallelismi ja *kertosäkeiden käyttö* (kuten Psalmeissa 46 ja 136) taas säilyvät tekstissä, käännettiinpä se mille kielelle tahansa, ja niitä käytetäänkin kaikkialla Psalmien kirjassa. Niiden myötä psalmien kirjoittajat esittelevät runollisia palvovia sanoja, jotka ovat aivan yhtä voimallisia, ajankohtaisia ja helposti muistettavia nykyään kuin mitä ne olivat kolmetuhatta vuotta sitten, kun ne ensimmäisen kerran kirjoitettiin Jumalan ylistykseksi.

Ylistyslauluja
Vaikka voidaankin sanoa, että jokainen psalmi on palvontaan tarkoitettu runo, psalmit voidaan yleisellä tasolla jaotella kolmeen eri luokkaan: *ylistyslauluihin, valituslauluihin ja kiitoslauluihin.*

Psalmit 8, 19, 29, 33, 46–48, 76, 84, 87, 93, 96–100, 103–106, 113–114, 117, 122, 135–136 ja 145–150 ovat yksioikoisesti

Palvonta Hengessä ja totuudessa

ylistyslauluja. Ne muistuttavat pitkälti niitä ylistyslauluja, joita nykyäänkin vielä lauletaan.

Ylistyslauluiksi tarkoitetut psalmit alkavat tavallisesti kehotuksella ylistää Jumalaa. Niiden päätekstissä tuodaan ilmi joitakin syitä ylistää ja kerrotaan joistakin Jumalan ihmeistä luomisessa ja/tai menneisyydessä (erityisesti hänen pelastavista teoistaan kansaansa kohtaan). Tavallisesti ylistyslaulu loppuu alun kehotuksen toistamiseen tai lyhyeen rukoukseen.

Jotkut ylistyslaulut (kuten Ps. 46, 48, 76, 84, 87 ja 122) keskittyvät pyhän kaupungin, Siionin tai Jerusalemin, kirkkauksiin ja esittelevät sen profeetallisesti *sekä* Jumalan asuinpaikkana *että* pyhiinvaelluksen määränpäänä. Toisissa ylistyslauluissa (esim. Ps. 47, 93 ja 96–98) taas käytetään profeetallista kieltä ylistämään Jumalan yleismaailmallista kaikkivaltiutta ja ehdotonta kuninkuutta.

Valituslauluja kärsimyksestä
Suuri joukko psalmeja puhuttelee Jumalaa suoraan, eikä siis vain kuvaile ja julista hänen kunniaansa.

Nämä runolliset valituslaulut alkavat tyypillisesti vetoamalla Jumalaan, jonka jälkeen niissä esiintyy avunpyyntö, rukous tai luottamuksen ilmaus Jumalaa kohtaan. Niiden pääosiossa kerrotaan yleensä palvojan vastoinkäymisistä kirjoitusajankohdalle tavanomaisilla kuvilla –esimerkiksi ilmauksilla syvät vedet, kuoleman loukut, villipedot, murretut luut, hakkaava sydän ja niin edelleen.

Joissakin valituslauluissa (kuten Ps. 7, 12 ja 26) vakuutellaan omaa viattomuutta tai valitetaan siitä, että Jumala tuntuu olevan kaukana tai että hän tuntuu unohtaneet (kuten Ps. 9–10, 22 ja 44). Toisissa taas ilmaistaan luottamusta ongelmienkin keskellä (kuten Ps. 3, 5, 42–43, 55–57, 63 ja 130).

Muutamat valituslaulut muodostuvat yhdestä pitkästä pyynnöstä Jumalalle – esimerkiksi Ps. 4, 11, 16, 23, 62, 121, 125 ja 131. Monet niistä loppuvat sen tunnistamiseen, että pyyntö

Palvonta Psalmien kirjassa

on kuultu, sekä Jumalan vastauksesta kiittämiseen (kuten Ps. 6, 22, 69 ja 140).

Jotkut valituslaulut ilmaisevat pohjimmiltaan *yhteisöllistä* epätoivoa jonkin kansallisen onnettomuuden vuoksi (kuten Ps. 12, 44, 60, 74, 79, 80, 83, 85, 106, 123, 129 ja 137), ja niissä anotaankin, että Jumala pelastaisi kansansa ja saattaisi sen entiselleen.

Useimmat valituslaulut ilmaisevat kuitenkin *henkilökohtaista* epätoivoa sellaisten ongelmien kuin kuolema, vaino, maanpakolaisuus, vanha ikä, sairaus, panettelu jne. vuoksi. Sellaiset psalmit kuin 3, 5–7, 13, 17, 22, 25, 26, 28, 31, 35, 38, 42–43, 51, 54–57, 59, 63–64, 69–71, 77, 86, 102, 120, 130 ja 140–143 kirjoitettiin nimenomaan yksilöllisten tarpeiden ilmaisemiseksi – vaikka niitä usein laulettiinkin yhdessä muiden kanssa.

Kiitoslaulut

Vaikka jotkut valituslaulut päättyvätkin Jumalalle osoitettuun kiitokseen, useissa psalmeissa kiittäminen on nimenomaan niiden pääteema – esim. Ps. 18, 21, 30, 33, 34, 40, 65–68, 92, 116, 118, 124, 129, 138 ja 144.

Osa näistäkin psalmeista ilmaisee *yhteisöllistä* kiitosta hyvästä sadonkorjuusta tai kansaa uhkaavasta vaarasta, joka on vältetty, ja osa taas *henkilökohtaista* kiitosta Jumalan antamasta henkilökohtaisesta vastauksesta.

Nämä eivät ole tiukkoja jaotteluja, sillä joissakin psalmeissa vaihdellaan eri luokkien välillä. Esimerkiksi Psalmi 89 alkaa ylistyslauluna, muuttuu sitten pitkäksi profeetalliseksi runoksi ja päättyy valitukseen. Psalmi 119 taas on sekä ylistyslaulu laille että henkilökohtainen valituslaulu. Lisäksi joitakin valituslauluja edeltää rukous (Ps. 27 ja 31) tai seuraa kiitos (Ps. 28 ja 57).

Profeetalliset psalmit

Kohta 1. Aik. 25:1–3 osoittaa, että profeetallinen musiikki, profeetallinen ylistys, profeetallinen kiitos ja profeetalliset

Palvonta Hengessä ja totuudessa

psalmien kirjoittajat olivat kiinteä osa palvontaa kuningas Daavidin valtakaudella.

Joissakin psalmeissa on profeetallisia ilmauksia, kun taas toiset ovat musiikiksi muutettuja laajennettuja profetioita – esimerkiksi Ps. 2, 50, 75, 81–82, 85, 95 ja 110. Vaikuttaa todennäköiseltä, että nämä olivat profetioita, jotka joku profeetta välitti jonkin temppelipalveluksen aikana ja joita sitten käytettiin säännöllisesti palvontamenoissa.

Ne psalmit, jotka ovat ylistyslauluja pyhästä kaupungista ja Jumalan kuninkuudesta, ovat selvästi profeetallisia, sillä niissä puhutaan odotuksella tulevasta uudistuksen ajasta – jota alettiin kutsua "messiaaniseksi ajaksi".

Kaikkein tärkeimpiä profeetallisia psalmeja ovat kuitenkin "kuninkaalliset psalmit", joita löytyy kaikista viidestä kirjasta. Näitä ovat:

◆ kuninkaalle osoitetut julistukset – Ps. 2 ja 110

◆ rukoukset kuninkaan puolesta – Ps. 20, 61 ja 72

◆ kiittäminen kuninkaasta – Ps. 21

◆ kuninkaan rukoukset – Ps. 18, 28, 63 ja 101

◆ kuninkaallisen kulkueen laulu – Ps. 132

◆ ylistyslaulu kuninkaasta – Ps. 144

◆ kuninkaallinen häälaulu – Ps. 45.

Yhdellä tasolla nämä psalmit puhuvat yksinkertaisesti jostakin tietystä kuninkaiden aikakaudella hallinneesta Israelin tai Juudan kuninkaasta. Psalmit 2, 72 ja 110 saattoivat jopa olla lauluja, jotka oli tehty laulettaviksi jonkun tietyn kuninkaan kruunajaisissa. Nämä psalmit kuitenkin viittaavat myös laajemmalle kuin vain oman aikansa kuninkaaseen, sillä niissä sanotaan, että hän on Jumalan poika, että hänen kuninkuutensa on loputon ja että se levittyy maan ääriin asti, että hän tuo pysyvän rauhan ja vanhurskauden ja että hän on oleva kansansa pelastaja.

Palvonta Psalmien kirjassa

Näiden laulujen säännöllinen laulaminen piti yllä toivoa siitä, että Daavidille annetut lupaukset vielä täyttyisivät – tätä käsitellään kirjoissa *Pelastus armosta* ja *Pojan tunteminen*. Se tosiseikka, että niitä laulettiin vielä kauan senkin jälkeen, kun kuninkaiden aika oli ohi, osoittaa, että Israel odotti kuningasta, *Messiasta*, joka täyttäisi nämä profetiat.

Messiasta ei mainita nimeltä yhdessäkään näistä psalmeista, mutta juutalaiset uskoivat, että niissä kerrottiin hänestä ennalta. Myös Uuden testamentin kirjoittajat olivat vakuuttuneita siitä, että nämä psalmit sopivat Jeesukseen ja siihen, että hän oli *Messias*, josta oli jo pitkään profetoitu.

Sellaiset psalmit kuin 2, 72 ja 110 esittelevät ihanteellisen kuninkaan/papin/tuomarin, jollainen kukaan todellinen Israelin tai Juudan kuningas ei täysin ollut. Nämä roolit yhdistyvät vain *Messiaassa* tämän loputtomassa ja maailmanlaajuisessa rauhan ja vanhurskauden valtakunnassa, josta näissä runoissa profetoidaan.

Toisissa profeetallisissa psalmeissa taas puhutaan inhimillisestä kärsimyksestä tavalla, joka tuntuu ylitseampuvalta tavanomaisiin kokemuksiin verrattuna, mutta joka osoittautui hämmästyttävän tarkaksi kuvaukseksi Kristuksen kärsimyksistä.

Profeetalliset runoilijat valitsivat Jumalan innoittamina sanoja, jotka olivat täynnä itseään suurempia merkityksiä. Psalmi 22, jota Jeesus lainasi ristillä (Matt. 27:46), on kaikista hämmästyttävin esimerkki tästä: jae 16 voidaan selvästi nähdä jakeessa Joh. 20:25 ja jae 18 jakeessa Mark. 15:24. Toinen samankaltainen esimerkki löytyy jakeesta Ps. 69:21, joka viittaa jakeisiin Matt. 27:34 ja 48.

Uuden testamentin kirjoittajat siis vakuuttavat, että monet psalmit ovat profeetallisia viittauksia Jeesukseen. Esimerkiksi:

- Ps. 2:7 – Ap. t. 13:33
- Ps. 8:6 – Hepr. 2:6–10
- Ps. 16:10 – Ap. t. 2:27 ja 13:35
- Ps. 22:8 – Matt. 27:43

Palvonta Hengessä ja totuudessa

- Ps. 40:7–8 – Hepr. 10:7
- Ps. 41:9 – Joh. 13:18
- Ps. 45:6 – Hepr. 1:8
- Ps. 69:9 – Joh. 2:17
- Ps. 110:4 – Hepr. 7:17
- Ps. 118:22 – Matt. 21:42
- Ps. 118:26 – Matt. 21:9.

Jotkut tutkijat uskovat, että monet muutkin kuin vain "kuninkaalliset" psalmit viittaavat Jeesukseen. He esimerkiksi sanovat, että myös psalmit 8, 16, 22, 35, 40, 41, 68, 69, 97, 102, 118 ja 119 puhuvat ennalta Kristuksesta jollakin tapaa ja että kaikki pyhästä kaupungista ja Jumalan kuninkuudesta puhuvat psalmit kertovat Kristuksen mielestä ja tehtävästä.

Ongelmakohtia

Monet uskovat iloitsevat suuresta osasta Psalmien kirjaa mutta kavahtavat joitakin sen osia. Esimerkiksi psalmissa 139 he arvostavat jakeita 1–18 ja 23–24 mutta ovat tyrmistyneitä jakeista 19–22.

Psalmeissa tuntuu olevan kaksi erityistä ongelmakohtaa:

- omavanhurskaus
- taipumus toivoa hirvittävää kostoa.

Emme voi sivuuttaa vaikeita kohtia, koska nekin ovat osa Jumalan Sanaa ja niiden jakeiden yhteydessä, joita kukaan ei kyseenalaistaisi. Emme voi myöskään selittää niitä vain sillä, että niiden kirjoittajat eivät tunteneet Jeesusta. Kirjoittajilla oli kuitenkin Jumalan laki; he tiesivät, ettei kukaan ollut täydellinen Jumalan mittapuun mukaan; he tiesivät, että heiltä odotettiin rakastavaa käytöstä muita, jopa vihollisiaan, kohtaan; ja he tiesivät, että laki asetti tiukat rajat kostamiselle.

Omavanhurskaus

Meidän tulee ymmärtää, että Psalmien kirjan kirjoittajat esittivät *vertailevia* väitteitä, eivät *ehdottomia* väitteitä: he vertasivat itseään ympärillään oleviin ihmisiin, eivät siis Jumalaan. Näin tehdessään he tunnustivat sen olennaisen eron, joka on niiden välillä, jotka yrittävät toimia Jumalan lain ja tahdon mukaan, ja niiden, jotka sivuuttavat Jumalan lain ja tahdon.

Kirjoittajat olivat kuitenkin hyvin tietoisia omasta syntisyydestään vertaillessaan itseään Jumalan mittapuuhun: tämä havaitaan parhaiten seitsemässä "katumuspsalmissa" – 6, 32, 38, 51, 102, 130 ja 143. Psalmeissa ilmenee siis omavanhurskauden ohessa aina myös syvää katumusta – aivan kuten niissäkin nykyuskovissa, jotka katsovat maailmaa kauhulla ja Jumalaa suuren ihmetyksen ja ihailun vallassa.

Lisäksi meidän tulee ymmärtää, että psalmien kirjoittajat esittivät itsensä usein "närkästyneinä kanteen esittäjinä", jotka asettivat asiansa Jumalan tuomaroitavaksi. Heidän käyttämänsä sävy saattaa ärsyttää meidän nykykorviamme, mutta heidän näkökantansa on silti oikea.

Kosto

Useissa psalmeissa kirotaan pahat ihmiset ja julistetaan heille kostoa, ja jotkut uskovat reagoivat tähän tuomitsemalla tällaiset psalmit täysin "ei-kristillisinä". Meidän tulee kuitenkin ymmärtää, että niiden kirjoittajat tunsivat Jumalan täydellisen pyhänä hahmona, joka ei voinut katsoa pahuutta tai sietää minkäänlaista vääryyttä. Heidän vetoomuksensa koston puolesta perustuivat heidän ymmärrykselleen Jumalan nimestä ja luonteesta: he ajattelivat aivan oikeutetusti, että Jumalan luonnon vuoksi syntiin täytyi vastata aktiivisesti ja rangaistuksella.

Kirjoittajat eivät halunneet Jumalan rankaisevan pahoja ihmisiä, koska nämä olivat ärsyttäneet heitä. He halusivat Jumalan rankaisevan heitä, koska he tiesivät, että hänen täytyi toimia johdonmukaisesti oman pyhyytensä kanssa – tätä

Palvonta Hengessä ja totuudessa

käsitellään tarkemmin kirjoissa *Isän tunteminen* ja *Pelastus armosta*.

Lisäksi meidän tulee ymmärtää, että kirjoittajat olivat realistisia todetessaan, ettei oikeus voi voittaa, jos pahuutta ei täysin poisteta ja jos vääryydestä ei aktiivisesti rangaista. Jos meille ei tuota ongelmaa rukoilla "tulkoon sinun valtakuntasi", meidän ei myöskään pitäisi tuntea oloamme epämukavaksi laulaessamme psalmia, jossa kerrotaan, mitä se käytännössä tarkoittaa! Hyvin monet näistä niin kutsutuista "vaikeista" kohdista ovat vain profeetallisia esikuvia Ilmestyskirjasta.

Palvonta ja psalmit

Edellä havaittiin, että Psalmien kirja on Vanhan testamentin hengellinen laulukirja. Se on täynnä hengellisiä lauluja, joita Jumalan kansa käytti yli tuhannen vuoden ajan ylistäessään, palvoessaan ja tuodessaan kiitosta.

Kaikkia *Jahven* suuria juhlia juhlittiin laulaen ja tanssien, kuten kohdista Tuom. 21:19–21 ja 2. Sam. 6:5–16 havaitaan, ja Aamoksen kirjan jakeesta 5:23 selviää, että laulamisen yhteydessä jopa uhrattiin uhreja.

Edellä myös havaittiin, että monien psalmien otsikoissa on musiikillisia tai liturgiaan liittyviä ohjeita, ja salaperäinen sana *selah* ohjasi ilmeisesti tapaa, jolla kyseistä psalmia käytettiin yhteisissä palvontahetkissä. Kukaan ei tiedä, mitä *selah* tarkoittaa. Se esiintyy esimerkiksi jakeissa Ps. 66:4, 7 ja 15, 68:7, 19 ja 32, 89:4, 37, 45 ja 48 sekä 140:3, 5 ja 8. Jotkut sanovat, että se ohjeisti seurakuntaa laulamaan kovempaa; toiset taas uskovat, että se ohjeisti heitä lopettamaan laulamisen hetkeksi soittajien soittaessa "teemamusiikin".

Psalmit 20, 26, 27, 66, 81, 107, 116, 134 ja 135 viittaavat selvästi yhteisiin palvontahetkiin. On selvää, että näitä psalmeja – kuten myös psalmeja 48, 65, 95, 96 ja 118 – laulettiin temppelin esipihoilla, kun taas psalmeja 84 ja 120–134 saatettiin hyvinkin laulaa matkalla temppelin kokoontumisiin.

Jotkut psalmit (kuten 125, 128 ja 129) on selvästi sovitettu yhteisiin palvontahetkiin sillä, että niihin on lisätty siunauksia, kun taas toiset on tarkoitettu käytettäviksi joissakin tietyissä tilanteissa – esimerkiksi psalmi 92 sapattina ja psalmi 30 hanukan aikaan.

Psalmien arvo

Psalmit olivat Jumalan Vanhan testamentin aikaisen kansan "perusapuväline" palvontaan. Jumala innoitti ihmisiä kirjoittamaan sanoja, jotka auttoivat hänen lapsiaan lähestymään häntä tilanteestaan riippumatta.

Psalmeja lauloivat ja käyttivät myös Jeesus, hänen opetuslapsensa, Paavali, apostolit sekä alkuseurakunnan jäsenet. Jotkut Uuden testamentin suurista ylistyslauluistakin jäljittelivät psalmeja – kuten kohdista Luuk. 1:46–55 ja 68–79 sekä 2:29–32 selviää.

Psalmit innoittivat apostoleja heidän kohdatessaan vainoa, ja ne olivat myös olennainen osa heidän sanomaansa – tämä havaitaan esimerkiksi kohdissa Ap. t. 2:25–28, 4:25–26 ja 13:33. Lisäksi alkuseurakunta määritti tärkeimmät Jeesusta koskevat uskomuksensa psalmien pohjalta – kuten kohdista Hepr. 1:6 ja 10–13, 2:6–8, 5:6 sekä 10:5–7 selviää.

Kristityt ovat läpi aikojen ottaneet psalmit omakseen, tulkinneet niitä ristin valossa ja käyttäneet niitä yhteisissä ja yksityisissä palvontahetkissään. Useimmissa nykyisissä kristillisissä kirkkokunnissa myös luetaan tai lauletaan vähintään yksi psalmi jokaisessa jumalanpalveluksessa.

Nämä 3000 vuotta vanhat ylistys-, valitus- ja kiitoslaulut tuntuvat jollakin ihmeellisellä tavalla olevan yleismaailmallisesti merkityksellisiä, sillä ne ilmaisevat sitä asennetta, joka jokaisella palvojalla tulisi olla Jumalaa kohtaan.

Psalmeilla on kuitenkin erityisen syvä merkitys juuri kristityille uskoville, sillä me voimme nyt käyttää niitä Jumalan ylistämiseen ja kiittämiseen siitä, että hän on ilmoittanut itsensä täysin Jeesuksessa, pelastanut meidät Kristuksessa ja voidellut meidät Hengellään. Toivo, josta ensin laulettiin Israelin kokoontumisissa, on täyttynyt, sillä *Messias* on tullut, hän hallitsee ja meidät on kutsuttu palvomaan häntä.

Osa 5

Palvonta Uudessa testamentissa

Kaikki neljä evankeliumia osoittavat, että Jeesus ja hänen opetuslapsensa jatkoivat Vanhan testamentin palvonnan mallin mukaan toimimista noudattamalla sapattia, viettämällä yhteisiä juhlia, laulamalla psalmeja ja palvomalla Jerusalemin temppelissä ja paikallisissa synagogissa.

Kohdissa Matt. 4:23, 9:35 ja Mark. 1:21 kerrotaan, että Jeesus opetti alueen kaikkien kaupunkien ja kylien synagogissa.

Luukas aloittaa evankeliuminsa temppelistä ja päättää sen sinne – 1:5–22 ja 24:5–53. Lisäksi hän osoittaa, kuinka Jumala ilmoitti sanansa ja tahtonsa temppelissä Jeesuksen pyhittämisen yhteydessä – 2:22–38 – ja painottaa, että Jeesus otti osaa synagogien ja temppelin palvontamenoihin – 4:1–38 ja 44, 6:6, 13:10 sekä 20:1.

Johannes rakentaa koko evankeliuminsa juutalaisten juhlien ympärille ja jakaa näin Jeesuksen elämän tiettyihin jaksoihin. Kerrottuaan Jeesuksen palvelutyön ensimmäisestä viikosta Johannes puhuu pääsiäiseen liittyvistä tapahtumista (2:13–4:54), määrittelemättömästä juhlasta, joka oli luultavasti purim (5:1–47), toisesta pääsiäisestä (6:1–71), lehtimajajuhlasta (7:1–10:21), hanukasta (10:22–11:57) ja kolmannesta pääsiäisestä (13:1–19:4). Kirjassa *Pojan tunteminen* havaitaan, että Johannes todella näkee evankeliumissaan vaivaa Jeesuksen esittämiseksi kaikkien näiden tärkeiden juhlien täyttymyksenä.

Apostolien tekojen jakeissa 2:46, 3:1 ja 8 sekä 5:12 ja 21 kerrotaan, että ensimmäiset uskovat jatkoivat vielä jopa helluntain jälkeenkin palvomista temppelissä ja synagogissa. Apostolien tekojen ensimmäisissä luvuissa kerrotaan, kuinka ensimmäiset käännynnäiset nivoutuivat yhteen yhteisöksi, joka:

Palvonta Hengessä ja totuudessa

◆ palvoi temppelissä

◆ antoi anteliaasti (tätä käsitellään tämän kirjan osassa 7)

◆ söi yhdessä toistensa kodeissa.

Jakeet Ap. t. 2:42-47 osoittavat, että heidän palvontansa keskittyi yhteisen rukouksen ja leivän murtamisen ympärille. Nämä auttoivat sitomaan uskovat yhtenäiseen yhteyteen ja tuomaan esiin heidän perimmäisen ykseytensä Kristuksessa – tätä käsitellään kirjassa *Jumalan kirkkaus seurakunnassa*.

Yhteisen rukouksen painottaminen palvonnassa on nähtävissä kaikkialla Apostolien teoissa, esimerkiksi jakeissa 1:14-15, 2:42, 3:1, 4:24-25, 6:6, 12:12 ja 13:1-2 – ja sitä tarkastellaan kirjassa *Toimiva rukous*. Apostolien teoissa ei kerrota, kuinka uskovat "mursivat leipää" tai oliko se "ehtoollisen" viettämistä, mutta selvää on, että he tekivät sitä lähes joka päivä ja että se liittyi temppelin palvontahetkissä käymiseen.

Jossakin vaiheessa juutalaisten katkera vastustus opetuslapsia kohtaan pakotti alkuseurakunnan kuitenkin erkaantumaan virallisesta juutalaisuudesta. Tämän seurauksena seurakunnan täytyi kehittää uusia palvontatapoja, jotka eivät perustuneet juutalaisille rituaaleille tai sapatille ja jotka eivät tapahtuneet temppelissä.

Palvonta alkuseurakunnassa

Vaikka Apostolien tekojen jakeessa 2:46 mainitaan päivittäiset palvontahetket, jae 20:7 antaa ymmärtää, että Herran päivä (sunnuntai, viikon ensimmäinen päivä, ylösnousemuksen päivä) oli alkanut korvata sapattia (lauantai, viikon viimeinen päivä, luomisen jälkeinen levon päivä) erityisenä palvonnan päivänä.

Uudessa testamentissa ei mainita erityisiä palvontahetkiä Jeesuksen syntymän, ylösnousemuksen tai taivaaseenastumisen muistelemiseksi tai helluntaina tapahtuneen Hengen vuodatuksen juhlistamiseksi. Sen sijaan – kuten kirjassa *Pojan tunteminen* painotetaan – alkuseurakunta

Palvonta Uudessa testamentissa

keskittyi täysin Herran kuoleman muistelemiseen Herran aterialla.

Raamatun pohjalta on selvää, että – juutalaisuudesta irtautumisen jälkeen – alkuseurakunta palvoi toistensa kodeissa ja taivasalla. Alkuseurakunnan muodolliset palvontahetket olivat yksinkertaisia, ja vaikuttaa siltä, että ne koostuivat pääosin ylistyksestä, rukouksesta, Vanhan testamentin kirjoitusten lukemisesta ja uskoa koskevien ohjeiden kuuntelemisesta.

Psalmit, ylistysvirret ja laulut

Efesolaiskirjeen jakeessa 5:19 apostoli Paavali kehottaa uskovia puhumaan keskenään "psalmeilla ja ylistysvirsillä ja hengellisillä lauluilla". Voidaan olettaa, että Paavali viittaa tässä Vanhan testamentin psalmeihin, mutta kahden muun kategorian välinen ero ei ole tiedossa.

Saattaa olla, että "ylistysvirret" ovat tunnettuja ja tunnustettuja, yhteisesti laulettavia lauluja, kun taas "hengelliset laulut" ovat spontaaneja ja profeetallisia Hengen innoittamia lauluja, joita yksittäiset ihmiset laulavat. Toisaalta taas ne voivat olla myös ylistystä, jota lauletaan kielillä yhdessä muiden kanssa.

Jae 1. Kor. 14:26 osoittaa, että laulaminen oli osa seurakunnan tavanomaista palvontaa, mikä noudatti oletettavasti juutalaisille synagogille ominaista tapaa. Kirjassa *Pojan tunteminen* tarkastellaan kohtia Fil. 2:6–11, Kol. 1:15–20 ja 1. Tim. 3:16. Useimmat tutkijat sanovat, että kyseiset kohdat ovat otteita varhaisten kristittyjen ylistysvirsistä, joissa ylistetään ja kunnioitetaan Kristusta. On myös mahdollista, että jae Ef. 5.14 on ote jostakin toisesta varhaisesta kristillisestä ylistysvirrestä – sellaisesta, jossa uskovia kehotettiin toimimaan.

Sanan tehtävä

Vaikka Paavalin kirjeet pohjimmiltaan kirjoitettiinkin muille kuin juutalaisille, nimittäin "pakanuskoville", niissä on monia viittauksia juutalaisiin kirjoituksiin, Vanhaan testamenttiin.

Tästä syystä tuntuukin järkeenkäyvältä olettaa, että kirjoitusten (tuohon aikaan pelkän Vanhan testamentin)

Palvonta Hengessä ja totuudessa

säännöllinen lukeminen oli olennainen osa alkuseurakunnan palvontaa. Itse asiassa jakeessa 1. Tim. 4:13 Paavali ohjeistaa Timoteusta lukemaan, opettamaan ja julistamaan kirjoituksia julkisesti.

Jossakin vaiheessa seurakunnan johtajat alkoivat myös lukea julkisesti niitä kirjeitä ja evankeliumeja, jotka nyt muodostavat "Uuden testamentin". Jakeessa 1. Tess. 5:27 Paavali pyytää, että hänen kirjeitään luettaisiin julkisesti seurakunnissa, joille hän on ne kirjoittanut, ja jakeessa Kol. 4:16 hän kehottaa näitä seurakuntia vaihtamaan hänen kirjeitään keskenään – ja oletettavasti myös lukemaan niitä julkisesti.

Jae 2. Tess. 2:15 osoittaa, että Paavali odotti uskovien pitävän kiinni niistä opetuksista, joita apostolit olivat heille opettaneet – olipa se sitten tapahtunut suullisesti tai kirjallisesti. Lisäksi jae 1. Tim. 5:18 osoittaa, että Paavali saattoi jo tuossa vaiheessa viitata sanalla "kirjoitukset" sellaisiin Jeesuksen sanoihin, jotka Luukas oli merkinnyt muistiin.

Tästä syystä vaikuttaakin siltä, että joitakin selontekoja Jeesuksen elämästä ja opetuksista luettiin seurakunnan kokoontumisissa jo tuolloin ja että alkuseurakunnan palvontahetkissä oli oletettavasti jonkinlaista opetusta tai ohjeistusta.

Tiiviisti kirjoitusten lukemisen kanssa yhteen liittyi myös Sanan selittäminen julistamalla ja opettamalla tilanteissa, joissa ihmiset olivat kokoontuneet yhteisiin palvontahetkiin – Ap. t. 5:42, 15:35 ja 20:7. Mutta vaikka sellaisten kohtien kuin Ap. t. 20:7–11 perusteella onkin selvää, että pitkät opetustuokiot olivat osa seurakunnan palvontaa, Paavalin kirjeet tuntuvat antavan ymmärtää, että osa opetuksesta annettiin ytimekkäiden toteamusten muodossa, joita uskovat sitten opettelivat ulkoa ja julistivat toisilleen. Näitä voidaan kutsua "tunnustaviksi toteamuksiksi" tai "uskontunnustuksiksi".

Nämä ovat olleet pääasiallisin tapa, jolla perinteiset kirkkokunnat ovat opettaneet uskoa aikojen saatossa – erityisesti ihmisille, joilla on rajalliset luku- ja kirjoitustaidot eikä oikeastaan kirjoja käytettävissään. Se on pohjana

Palvonta Uudessa testamentissa

suurimmalle osalle perinteistä liturgiaa, jota edelleen käytetään anglikaanisessa ja katolilaisessa kirkossa, ja se on myös lähestymistapa, jota monet nykyseurakunnat ovat alkaneet löytää uudelleen.

Jakeiden Room. 10:9 ja Fil. 2:11 kaltaisissa kohdissa Paavali viittaa lyhyisiin tunnustuksiin tai julistuksiin, kuten "Jeesus on Herra". Kohdissa Room. 6:17, 1. Kor. 15:1–2 ja Fil. 2:16 hän taas vaikuttaa viittavan johonkin kristillisen opetuksen keskeiseen ydinajatukseen. Monet tutkijat uskovat, että jakeet 1. Kor. 15:3–8 ovat yksi esimerkki tällaisesta "uskontunnustuksesta", joita uskovat opettelivat ja lausuivat palvontahetkien aikana.

Toisissa kohdissa – esimerkiksi jakeissa Ef. 4:5; Fil. 1:27; Kol. 1:5, 2:6–7 ja 2. Tess. 2:12 – Paavali vaikuttaa käyttävän ilmauksia "usko" ja "totuus" viitatakseen johonkin enempään kuin vain uskon tekoon, ja jakeessa Gal. 1:8 hän viittaa "minun evankeliumiini" vastakohtana väärille evankeliumeille.

Kaikesta tästä voidaan päätellä, että alkuseurakunnan palvonta sisälsi yksinkertaisia uskon toteamuksia, joista oli apua uskon rakentumisen ja ykseyden kehittymisen kannalta ja jotka auttoivat opettamaan ihmisille totuutta Jeesuksen kuolemasta ja ylösnousemuksesta.

Rukoukset

Apostoli Paavalin rukouksia – sekä itsensä että toisten puolesta – tarkastellaan melko yksityiskohtaisesti kirjassa *Toimiva rukous*. Siinä havaitaan, että rukouksen eri muodot (anominen, esirukous, hengellinen sodankäynti jne.) olivat erittäin tärkeitä Jeesuksen ja alkuseurakunnan elämässä. Tätä käsitellään myös kirjassa *Jumalan kirkkaus seurakunnassa*.

Jakeessa 1. Kor. 1:2 Paavali osoittaa, että "Herran nimen avuksi huutaminen" rukouksessa on yksi aidon kristityn uskovan tärkeimmistä tunnusmerkeistä, ja hän rohkaisee ihmisiä myös olemaan kestäviä rukouksessa (Kol. 4:2 ja 1. Tess. 5:25).

Aivan erityisesti apostoli Paavali painottaa *kiittämisen* tärkeyttä. Tämä havaitaan esimerkiksi kohdista 1. Kor. 14:16;

Palvonta Hengessä ja totuudessa

Fil. 4:6 ja Kol. 4:2. Tästä voidaan päätellä, että seurakunnan palvontaan ja yhteisiin palvontahetkiin liittyvälle rukoukselle oli ominaista ilontäyteinen kiitollisuus Jumalan ihmeellisestä armosta ja hyvyydestä Kristuksessa. Jakeiden Room. 8:15; 1. Kor. 16:22; 2. Kor. 1:20 ja Gal. 4:6 kaltaisissa kohdissa Paavali vaikuttaa osoittavan, että kyseisiä ei-kreikkalaisia sanoja käytettiin laajasti alkuseurakunnan palvontahetkissä (kreikka oli yleisesti käytössä oleva kieli tuohon aikaan):

◆ *aamen* – "niin olkoon" – vahvistaa Jumalan lupausten luotettavuuden

◆ *maranata* – "tule Herra" – vahvistaa uskon Herran paluuseen

◆ *abba* – "isi" – vahvistaa Isä-Jumalan luonnon.

Tästä voidaan päätellä, että näitä arameankielisiä sanoja käytettiin tuohon aikaan yhteisissä palvontahetkissä pitkälti samaan tapaan kuin niitä vielä nykyäänkin käytetään.

Paavalin kirjeet ennen kaikkea ohjeistavat, oikaisevat ja ohjaavat hyvin nuoria seurakuntia, ja niissä käsitellään vain yleisellä tasolla henkilökohtaista ja yhteistä palvontaa. Paavali ei anna missään kohtaa yksityiskohtaisia ohjeita palvonnasta tai palvontahetkistä, eikä hän koskaan määritä mitään tiettyä järjestystä tai palvontatapaa. Hän vain yksinkertaisesti puhuu yksinkertaisuuden ja vapauden puolesta palvontaan liittyen ja asettaa kaikki opetuksensa etiikasta ja opista palvonnan taustaa vasten.

Erityisen paljon Paavali opettaa "kasteesta" ja "ehtoollisesta", ja hän liittää nämä "sakramentit" aina seurakunnan yhteisiin palvontahetkiin. Näitä käsitellään yksityiskohtaisesti kirjassa *Jumalan kirkkaus seurakunnassa*, mutta tässä on syytä huomioida, että Paavali asettaa ne aina alkuseurakunnan yhteisten palvontahetkien asiayhteyteen.

Palvonta Uudessa testamentissa

Vapaus palvonnassa

Uuden testamentin kaikkein perusteellisin palvontaa koskeva opetus löytyy Paavalin ensimmäisestä kirjeestä Korintin seurakunnalle. Jakeissa 1. Kor. 11:2-14:40 Paavali käsittelee monenlaisia aiheita, joita oli noussut esiin tuossa nopeasti kasvavassa kreikkalaisessa kaupunkiseurakunnassa.

Vaikuttaa siltä, että seurakunta oli yrittänyt laittaa Paavalin opetukset käytäntöön, mutta että tämä oli synnyttänyt kolme käytännöntason pulmaa – pulmaa, jotka ovat toistuvasti aiheuttaneet päänvaivaa seurakunnille kaikkina aikoina:

◆ vapaus ja palvonta

◆ moraali ja palvonta

◆ hengelliset lahjat ja palvonta.

Vapaus

Vaikuttaa siltä, että apostoli Paavali oli opettanut Korintin kaupungin uskoville samat asiat, jotka hän oli opettanut Galatian maaseudun seurakunnille. Kaksi Paavalin keskeisintä näkökohtaa olivat, että:

◆ Kristuksessa ei ole eroa luokkien, kansallisuuksien tai sukupuolten välillä – Gal. 3:28

◆ Kristus on antanut uskoville uudenlaisen vapauden – Gal. 5:1.

Yhteisten palvontahetkien suhteen tämä tarkoittaa, että Paavali salli orjien, pakanoiden ja naisten ottaa täyden roolin kaikenlaisessa palvelemisessa – mikä oli täydellinen vastakohta hänen aikansa juutalaiselle perinteelle.

Jae 1. Kor. 11:2 osoittaa, että Paavali oli istuttanut tämänsuuntaisia uusia "perinteitä" Korintin seurakuntaan. Vaikuttaa siltä, että seurakunnan jäsenet olivat ottaneet omikseen nämä perinteet, mutta että he olivat väärinymmärtäneet kristityn vapauden todellisen luonnon.

Jotkut naiset – jotka olivat ottaneet johtavan roolin seurakunnan kokoontumisissa – tekivät Jumalan läsnäolossa ilmei-

Palvonta Hengessä ja totuudessa

sesti asioita, joita he eivät olisi tehneet pakananaapuriensa edessä. Tuon ajan tapa esimerkiksi oli, että säädylliset naiset eivät esiintyneet julkisesti päät paljaina. Korintin uskovat kuitenkin sanoivat, että heidät oli vapautettu sosiaalisista säännöistä ja että he saivat ilmaista tätä vapautta seurakunnassa.

Paavali tunnisti, että tämä oli samankaltainen ongelma kuin se, joka oli herännyt seurakunnan keskuudessa koskien pakanatemppeleihin tuotua ruokaa. Ainoa liha, jota Korintissa myytiin, oli lähtöisin niiden eläinten ruhoista, jotka oli uhrattu kaupungin eri temppeleissä. Koska juutalaiset eivät antaneet kristityille lihaa eivätkä kristityt halunneet mukautua juutalaisten sääntöihin, seurakunnan jäsenten täytyi ostaa lihaa pakanatemppeleistä – tai pärjätä kokonaan ilman.

Jotkut uskovat ajattelivat, että oli väärin syödä tällaista lihaa ja että se antoi hyväksynnän pakanallisille palvontamenoille ja kannusti niihin. Paavali käsittelee tätä kohdassa 1. Kor. 8:1– 11:1, jossa hän esittää neljä näkökohtaa.

- ◆ Uskovat ovat vapaita syömään pakanajumalille uhrattua ruokaa, koska nuo jumalat eivät ole todellisia. Heidän täytyy kuitenkin ottaa huomioon uskovat, jotka eivät ajattele asiasta samoin, ja olla joissakin tilanteissa valmiita pidättäytymään pakanatemppeleistä saadusta ruoasta huomaavaisuudesta muita uskovia kohtaan.

- ◆ Paavali oli tehnyt samankaltaisen myönnytyksen myös erään toisen asian suhteen. Hänellä olisi nimittäin ollut oikeus saada taloudellinen toimeentulonsa uskovilta, mutta hän oli vapaaehtoisesti asettanut itsensä tiettyjen rajoitusten alle, jotta kaikenlaiset ihmiset voisivat ottaa vastaan hänen sanomansa.

- ◆ Kristittyjen tulisi tunnistaa, että pakanalliseen palvontaan saattaa liittyä todellisia vaaroja. He eivät voineet osallistua ehtoolliselle yhtenä päivänä ja pakanajuhlaan toisena ilman vakavia hengellisiä seurauksia.

- ◆ Yleisperiaate on, ettei meidän tule tehdä mitään, mikä

voisi johtaa muita uskovia harhaan – edes sellaisia asioita, joissa ei sinänsä ole mitään väärää.

Korintin naisten tapauksessa Paavali koki, että vaikka he eivät loukanneet muita kristittyjä uskovia, he loukkasivat *yhteiskuntaa*, jota he yrittivät evankeliumilla tavoittaa. Tämän vuoksi hän ehdotti, että – evankeliumin tähden, tehokkaan evankelioinnin toteutumisen vuoksi – kaikkien seurakunnan yhteisiin palvontahetkiin osallistuvien naisten tulisi noudattaa vallitsevaa sosiaalista tapaa ja osallistua kokoontumisiin päät verhottuina.

Tämä oli Paavalin kanta aina ja kaikessa: hän esimerkiksi tiesi, että uskovat oli vapautettu tarpeesta ottaa ympärileikkaus, mutta – jakeessa Ap. t. 16:3 – hän varmisti, että Timoteus oli ympärileikattu, jotta he voisivat tavoittaa juutalaisia vielä tehokkaammin evankeliumin vapaudella.

Moraali

Apostoli Paavali oli selvästi huolissaan tavasta, jolla Korintin seurakunta vietti Herran ateriaa, ehtoollista. Korintin uskovat eivät noudattaneet Jeesuksen antamia ohjeita, jotka Paavali oli heille aiemmin välittänyt, vaan vaikuttaa siltä, että he olivat tehneet ehtoollisen vietosta tilaisuuden juhla-aterian vietolle ja hauskanpidolle. He toivat ehtoolliselle mukanaan omat ruokansa ja viettivät yksityisiä juhla-aterioita kokoontumisten yhteydessä pikemmin kuin omissa kodeissaan.

Seurakunnan jakautuminen – jonka Paavali toi esiin ja jota hän vastusti – näkyi myös yhteisissä palvontahetkissä. Apostoli Paavali oli sitä mieltä, että tämä jakautuminen ja jumalaton rellestys häpäisivät Herran aterian ja Kristuksen ruumiin.

Paavali oli tiukasti sitä mieltä, etteivät korinttilaiset suhtautuneet tarpeeksi vakavasti käyttäytymiseensä ja että he olivat saaneet Jumalan tuomion kohdistumaan itseensä. Tärkeissä luvuissa 1. Kor. 10–11 Paavali asettaa ehtoollisen keskinäisen yhteyden asiayhteyteen. Kuten kirjassa *Jumalan kirkkaus seurakunnassa* havaitaan, *koinonia* – "yhteys" tai "osallisuus" – on seurakunnan ydinominaisuus, ja jakeessa 10:16

Palvonta Hengessä ja totuudessa

Paavali tulkitsee Herran ateriaa juuri *koinonian,* osallisuuden, kannalta. Paavali osoittaa, että ehtoollinen on jollakin tapaa osallisuutta Kristuksen uhriin. Aivan kuten juutalaiset elivät uudelleen Egyptistä lähtöön liittyvät kokemukset pääsiäisen yhteydessä, samoin uskovat ottavat osaa Kristuksen uhriin samastumalla siihen ehtoollisella ja sitoutumalla Kristuksen tehtävään.

Tämän vuoksi Paavali sanoo jakeessa 10:21, että on moraalisesti mahdotonta ottaa osaa sekä ehtoolliseen että missään muodossa tapahtuvaan epäjumalien palvontaan. Kun olemme ehtoollisen kautta yhteydessä Kristuksen kuolemaan, meidät suljetaan automaattisesti ulkopuolelle kaikesta sellaisesta yhteydestä, joka vaarantaa asemamme Kristuksessa.

Paavalin yksi leipä, yksi ruumis -ajatus jakeessa 10:17 tekee selväksi, että kristilliseen yhteyteen kuuluvat *kaikki,* jotka ovat Kristuksessa, ja että kaikki tulevat yhteen yhdeksi leiväksi/ruumiiksi. Paavalin mukaan ehtoollisessa on siksi sisäsyntyinen yhteyden vaatimus – mikä tarkoittaa, että ehtoolliselle osallistumisella on syvällisiä käytännöntason moraalisia seuraamuksia. Yksinkertaisesti sanottuna: meidän ei tule rohjeta ottaa osaa ehtoolliseen, jos emme ole yhtä kaikkien muidenkin kanssa, jotka ovat Kristuksessa ja Kristuksen yhteydessä.

Jakeessa 11:29 Paavali toteaa, että ne, jotka ottavat osaa ehtoolliseen erottamatta ruumista muusta, saavat tuomion (vrt. v. 1938 käännös). Tämä tarkoittaa oletettavasti niitä, jotka eivät pidä kiinni ruumiin puhtaudesta. Paavali varoittaa yhteydestä moraalittomien ihmisten kanssa kaikkialla 1. Korinttolaiskirjeessä, ja tämä havainnollistaa juuri sitä, kuinka tärkeänä Jumala *koinoniaa* pitää.

Korinttilaisten väärä suhtautumistapa Herran ateriaan vaikutti myös tähän yhteyspuoleen. Paavali väittää, että ruumiin ykseys rikkoutuu, jos jotkut syövät hyvin ja toiset kärsivät nälkää. Herran aterian ei tulisi keskittyä erilaisiin

Palvonta Uudessa testamentissa

elämäntyyleihin, ja Paavali sanookin, että nälkäisten tulisi syödä kotona. Tämä osoittaa, että ehtoollisen kaikkein tärkein puoli on sen hengellinen ulottuvuus. Kiistat leivän koosta ja viinin mausta osoittavat sen, ettei tuon aterian hengellistä ydinmerkitystä ole ymmärretty lainkaan.

Paavali opettaa kaikkein selkeimmin ehtoollisesta juuri 1. Korinttolaiskirjeessä, ja siinä ilmenee, että ehtoollisen tulisi olla keskeinen osa kristillistä nykypalvontaa. Jakeissa 11:24–25 Paavali painottaa, että ehtoollinen on ennen kaikkea *muistelemiseksi* tarkoitettu teko.

Juutalaisten pääsiäisenvietossa perheen pää kertoi kertomuksen Egyptistä lähdöstä muistuttaakseen palvojia siitä, että he elivät noiden tapahtumien mahdollistamissa hyvissä asioissa. Samalla tapaa palvojien täytyy ehtoollisella muistella Herran kuoleman hintaa ja tunnistaa, että he elävät sen saavuttamissa asioissa.

Jakeessa 11:26 Paavali osoittaa, että muistoateria on julistamista ja osallistumista, ei uudelleen voimaansaattamista. Se julistaa kristillisen uskon keskiössä olevaa historiallista tapahtumaa, johon me olemme osallisia. Se ei ole yritys pitää elossa jotakin, joka on jo kauan sitten kuollut, sillä siinä ei muistella Kristuksen elämää. Painotus on hänen pelastuksen tuovassa kuolemassaan – tapahtumassa, joka on merkitykseltään ainutlaatuinen ja jonka vaikutus ulottuu menneestä nykyhetken kautta tulevaisuuteen ja aina iankaikkisuuteen asti.

Paavali myös osoittaa, että ehtoolliseen liittyy tulevaisuuspuoli. Jakeessa 11:26 hän paljastaa, että tuon muistoaterian tulee olla seurakunnan yhteisten palvontahetkien keskiössä vain tässä ajassa, sillä muistamista ei enää tarvita, kun Kristus palaa ja on omassa persoonassaan läsnä.

Hengelliset lahjat
Kolmas korinttilaisten kohtaama käytännön haaste heidän yhteisissä palvontahetkissään koski Hengen lahjoja.

Palvonta Hengessä ja totuudessa

Hengen lahjat olivat äärettömän olennainen osa alkuseurakuntaa: uskovat tiesivät, että heidän täytyi saada Pyhän Hengen voitelu ja että Pyhä Henki innoitti heitä ja valtuutti heidät rukoilemaan kielillä, tulkitsemaan kieliä, profetoimaan, tekemään ihmeitä, erottamaan eri henget toisistaan ja niin edelleen. Näitä lahjoja tarkastellaan kirjoissa *Hengen tunteminen*, *Jumalan kuunteleminen* ja *Palveleminen Hengessä*.

Vaikuttaa siltä, että kaikki nämä Hengen lahjat olivat todellisuutta Korintin uskoville ja että he olivat niin innokkaita käyttämään niitä, että useammat henkilöt käyttivät niitä julkisesti samanaikaisesti seurakunnan kokoontumisissa.

Apostoli Paavali muistutti heitä siitä, että Jumala tuo rauhan, ei hämmennystä. Jumala siis varmistaa, että – kun hengellisiä lahjoja käytetään yhteisissä palvontahetkissä – ne ilmenevät tavalla, joka on koko seurakuntaruumiin rakennukseksi.

Paavali tunnisti, että kaikki korinttilaisten kokoontumisissaan käyttämät lahjat olivat todellisia. Hän painotti, että jokainen niistä oli Jumalan antama ja että jokaisella niistä oli paikkansa seurakunnan yhteisissä palvontahetkissä. Hän selitti, että samoin kuin ihmisruumiissa on useita eri osia, joilla kaikilla on osansa siinä, että ruumis toimii tehokkaasti, samoin erilaiset lahjat ja jäsenet kaikki tuovat oman osansa seurakunnan palvontaan / siihen, miten seurakunta palvelee.

Suurin haaste kaikissa korinttilaisten käytännönongelmissa koski vapautta palvonnassa. Olivatko naiset vapaita halventamaan vallitsevia sosiaalisia normeja seurakunnan kokoontumisissa? Olivatko eri ryhmät vapaita viettämään aterioita seurakunnan kokoontumisissa vain omien ystäviensä kesken? Olivatko ihmiset vapaita käyttämään hengellisiä lahjoja samanaikaisesti?

Paavalin vastaus oli tukea ihmisten aitoa vapautta Kristuksessa mutta myös painottaa heidän ensisijaista vastuutaan toimia Jumalan itsensä uhraavan rakkauden innoittamana. Paavalin mukaan:

- ◆ Naiset ovat vapaita joko peittämään päänsä tai jättämään päänsä peittämättä seurakunnan kokoontumi-

Palvonta Uudessa testamentissa

sissa. Jos he kuitenkin rakastavat keskuudessaan olevia ei-uskovia Jumalan rakkaudella, he eivät toimi tavalla, joka synnyttää esteitä, jotka saattavat estää ihmisiä ottamasta evankeliumia vastaan.

◆ Ihmiset voivat syödä, mitä haluavat, milloin haluavat ja kenen kanssa haluavat. Jos he kuitenkin vilpittömästi rakastavat toisiaan Jumalan rakkaudella, he eivät toimi tavalla, joka synnyttää tai pitää voimassa raja-aitoja eri uskovien välillä.

◆ Kaikki jäsenet voivat käyttää kaikkia saamiaan hengellisiä lahjoja. Jos he kuitenkin todella rakastavat seurakuntaa Jumalan rakkaudella, he eivät toimi tavalla, joka hämmentää muita jäseniä, vaan ainoastaan tavalla, joka muuttaa ja muokkaa heitä kaikkia yhdessä Kristuksen kaltaisuuteen.

Uhraava palvonta

Evankeliumeja ja Apostolien tekoja lukiessa käy selväksi, että ne raikuvat iloa ja ylistystä. Kun esimerkiksi Pyhä Henki vuodatettiin opetuslasten ylle helluntaina, opetuslapset olivat niin häkeltyneitä Jumalan rakkaudesta, että he palvoivat Jumalaa uusilla kielillä, jotka Henki heille antoi.

Roomalaiskirjeen jakeet 8:15–16 itse asiassa osoittavat, että aina kun Henki tulee jonkun ihmisen elämään, tuon ihmisen luonnollinen reaktio on huutaa ilolla: *"Abba!* Isä!". Lisäksi Efesolaiskirjeen jakeet 5:18–20 osoittavat, että aina kun Henki täyttää paikallisen seurakunnan elämän, tuon seurakunnan luonnollinen reaktio on ylistää ja kiittää suurella ilolla.

Totuus kuitenkin on, ettei meistä aina tunnu tältä. Jos palvoisimme Jumalaa vain silloin, kuin meistä tuntuu siltä, emme välttämättä palvoisi häntä kovinkaan usein! Tämä totuus huomioidaan Uudessa testamentissa tulkitsemalla uudelleen Vanhan testamentin käsitys siitä, että todelliseen palvontaan kuuluu aina uhraamista. Uusi testamentti antaa ymmärtää, että on kolmenlaista uhraamista, joiden tulee

Palvonta Hengessä ja totuudessa

olla ominaista palvonnallemme hengessä ja totuudessa. Seuraavissa kolmessa osassa käsitellään näitä vielä tarkemmin.

Ruumiidemme uhraaminen

Ensimmäiset yksitoista lukua Paavalin kirjeestä Rooman seurakunnalle ovat täydellisin raamatullinen selonteko evankeliumista. Jae Room. 12:1 on Paavalin "siis", hänen yhteenvetonsa tästä selonteosta, ja siinä hän vetoaa meihin, että vastaisimme evankeliumiin palvonnalla – antamalla ruumiimme "eläväksi uhriksi" (vrt. v. 1938 käännös). Palvonnan ilmaisemista fyysisillä tavoilla, kuten draamalla ja tanssilla, käsitellään tämän kirjan osassa 9, jossa selviää, että taiteita voidaan käyttää ylistyksen ja palvonnan vahvistamiseen ja Jumalan sydämen kuvaamiseen profeetallisesti. Tässä kohtaa on kuitenkin syytä huomioida, että jae Room. 12:1 rohkaisee meitä antamaan kaikkemme Jumalalle palvonnassa – mukaan lukien ruumiimme.

Apostoli Paavalin aikana kaikki olivat tottuneita ajatukseen "uhreista, joiden täytyi kuolla" – jotka edustivat jonkin täydellistä ja ansaitsematonta luovuttamista Jumalalle tai jollekin jumalalle. "Elävän uhrin" täytyykin siis olla jotakin sellaista, jossa elämää luovutetaan lakkaamatta Jumalalle ja Jumalan palvelemiseen.

Paavali tekee koko Roomalaiskirjeen luvun 12 ajan selväksi, että se on:

◆ jatkuvaa muuttumista Kristuksen kaltaisuuteen

◆ täyttä sitoutumista Kristuksen ruumiiseen

◆ jokaisen Jumalan antaman lahjan antamista koko seurakunnan hyödyksi.

Se on rakkautta ja palvelemista, rukousta ja kärsivällisyyttä, iloa ja vieraanvaraisuutta, anteeksiantoa ja yksesyttä, uskoa ja toivoa, laupeutta ja myötätuntoa, elämää ja kuolemaa ja niin edelleen.

Paavali kehittää tätä ajatusta vielä pidemmälle jakeissa Room. 15:16; Fil. 1:20, 2:17 ja 2. Tim. 4:6. Niissä hän osoittaa,

Palvonta Uudessa testamentissa

että Jumalan palvominen sillä, että uhraamme ruumiimme, on Kristuksen kunniaksi tapahtuvaa uhrautuvaa palvelemista Jumalan evankeliumin hyväksi – mikä saattaa joskus maksaa meille kalliisti. Tätä palvonnan puolta tarkastellaan osassa 6.

Varallisuutemme uhraaminen
Heprealaiskirjeen jae 13:16 kehottaa meitä tekemään hyvää ja antamaan omastamme Jumalaa miellyttävänä uhrina. Jeesuksen opetusta rikkauksista käsitellään kirjassa *Jumalan hallintavalta*, jossa havaitaan, että Jeesus sanoo rikkauksien kilpailevan Jumalan kanssa rakkaudestamme ja olevan voima, joka pyrkii hallitsemaan ja orjuuttamaan meitä. Jeesus odottaa seuraajiltaan yhä uudelleen ja uudelleen anteliaisuutta, erityisesti Luukkaan evankeliumissa.

Apostoli Paavali kehittelee tätä ajatusta pidemmälle 2. Korinttolaiskirjeen luvuissa 8–9, joissa hän kehottaa Korintin uskovia noudattamaan Makedonian seurakuntien esimerkkiä. Vaikka tätä käsitelläänkin yksityiskohtaisemmin myöhemmin tässä kirjassa, tässä kohtaa on syytä huomioida, että jakeissa 2. Kor. 9:11–13 Paavali selvittää, että uhraava antaminen on keskeisessä asemassa kristillisessä palvonnassa/palvelemisessa.

Paavali osoittaa koko 2. Korinttolaiskirjeen lukujen 8–9 ajan, että varallisuutemme uhraamisen tulee:

- olla vastaus Jumalan rakkauteen

- tapahtua vaikeuksista huolimatta

- tapahtua suhteessa varoihimme

- tapahtua myötätunnosta toisten suurta tarvetta kohtaan

- olla todiste sitoutumisestamme.

Varallisuutemme uhraamista käsitellään tarkemmin tämän kirjan osassa 7.

Palvonta Hengessä ja totuudessa

Ylistyksemme uhraaminen

Heprealaiskirjeen jae 13:15 rohkaisee meitä myös uhraamaan Jumalalle huulillamme kiitosuhria (englanninkielisissä käännöksissä "ylistysuhria", suom. huom.). Edellä havaittiin, että Vanhan testamentin ylistys sisälsi ääntä, musiikkia ja liikettä ja että ilo ja kiitoksen antaminen olivat ominaista alkuseurakunnalle.

Siihen tosiseikkaan, että ylistystä pidetään tässä jakeessa uhrina, liittyy ennakko-oletuksena se, että se maksaa jotakin tai vaatii jonkinlaista vaivannäköä. Tätä käsitellään tarkemmin osassa 8. Uusi testamentti paljastaa, että seurakunta on ennen kaikkea palvova yhteisö, joka koostuu Jeesukseen uskovista ihmisistä. Hän on kutsunut meidät yhdessä palvomaan itseään, ja kun sivuutamme tämän ensisijaisen tehtävämme, rikomme Jumalaa vastaan ja väheksymme itseämme.

Seuraavissa kolmessa osassa siirrytään keskittymään henkilökohtaiseen "palvelemiseen" tähän asti pääosin käsitellyn yhteisen julkisen "palvonnan" sijaan. Seuraavien osien yhteydessä on kuitenkin syytä pitää mielessä Uuden testamentin palvontaa koskevat kolme pääperiaatetta.

Todellinen palvonta on aina elävälle Jumalalle kohdistettua: se ei ole suoritus, jolla tuodaan esiin inhimillisiä lahjoja, vaan se on toimintaa, joka kirkastaa ainoastaan häntä ja joka johtaa meitä syvemmälle hänen läsnäoloonsa.

Todellinen palvonta rakentaa ja muuttaa paremmaksi aina koko Kristuksen ruumista: ei ole tarkoitus, että vain yksi tai kaksi asiantuntijaa on hallitsevassa roolissa, vaan se on koko Jumalan kansan yhteinen ylistyksen ilmaus.

Jae 1. Kor. 14:26 (joka on lähes ainoa Uuden testamentin jae, jossa annetaan selkeitä palvontaa koskevia ohjeita) antaa itse asiassa ymmärtää, että – siinä määrin kuin se on mahdollista – aivan jokaisen tulee olla aktiivisessa osassa seurakunnan yhteisissä palvontahetkissä.

Todellinen palvonta on aina riippuvaista Pyhän Hengen läsnäolosta. Kuten Paavali sanoo Filippiläiskirjeen jakeessa 3:3, meidän tulee palvoa Jumalan Hengen ohjaamina. Ilman häntä

Palvonta Uudessa testamentissa

emme voi kommunikoida Jumalan kanssa tai uhrata hänelle mitään, mikä on hänen nimensä arvoista.

Juuri Pyhä Henki antaa innoituksen rukouksillemme ja ylistyksellemme. Juuri hän avaa mielemme ja auttaa meitä ymmärtämään Jumalan Sanaa, joka tuomitsee meidät synnin vuoksi. Juuri hän antaa lahjoja yhteiseksi hyväksi. Yksinkertaisesti sanottuna: hän on palvonnan henkäys, ja häntä ja hänen rooliaan palvonnassa käsitelläänkin vielä osassa 10.

Osa 6

Palveleminen ja palvonta

Edellä havaittiin, ettei Raamattu tee eroa "hengellisen palvonnan" ja "käytännöllisen palvelemisen" välillä ja että Jumalan palvominen esitetään Raamatussa palvelemisena ja Jumalan palveleminen palvontana. Yksinkertaisesti sanottuna: se tapa, jolla me häntä palvelemme, on se tapa, jolla me häntä palvomme.

Edellä myös selvitettiin, että heprean kielen sana *abodah* ja kreikan kielen sana *latreia* molemmat tarkoittivat alun perin orjan tai palvelijan tekemää käytännöllistä työtä, mutta että Raamatussa niitä käytetään Jumalan palvelemisesta tai palvomisesta: palvelemisemme on palvontaamme, ja palvontamme on palvelemistamme.

Lisäksi edellä todettiin, että kaikki Jumalan käskyt voidaan kiteyttää palvontaan ja palvelemiseen. Jumalan ensisijainen tarkoitus elämäämme varten on, että palvomme häntä olemuksemme jokaisella osalla. Hänen toissijainen tarkoituksensa taas on, että palvelemme muita samalla palolla, jolla suhtaudumme itseemme.

Palveleminen hengessä ja totuudessa
Palveleminen hengessä ja totuudessa kumpuaa aina palvomisesta hengessä ja totuudessa. Koska palvonta ja palveleminen ovat niin tiiviisti toisiinsa nivoutuneita asioita, että Raamattu käyttää niistä samaa sanaa, voidaan sanoa, että palvonnastamme puuttuu jotakin, jos se ei saa aikaan palvelemista. Ja että Jumala ei mielly palvelemiseemme, jos se ei kumpua Jumalan palvomisesta.

Palvonta Hengessä ja totuudessa

Palvelemista liinan kanssa

Evankeliumeissa kerrotaan julman rehellisesti apostolien heikkouksista ja vajavaisuuksista. Niissä kerrotaan sekä heidän onnistumisistaan että heidän epäonnistumisistaan, sekä heidän väittelyistään että heidän viisaista sanoistaan. Vaikuttaa siltä, että kaikkein eniten he nahistelivat "nokkimisjärjestyksestään", ja jakeessa Luuk. 9:46 kerrotaankin avoimesti heidän väittelystään koskien sitä, kuka heistä on suurin.

Suurin ja alhaisin

Aina kun ihmiset pyrkivät suuruuteen, he samalla pyrkivät siihen, etteivät olisi alhaisimpia. Vaikka suurin osa meistä tietääkin, ettei koskaan tule olemaan suurin, jotkut uskovat ponnistelevat silti sen eteen, etteivät olisi alhaisimpia. Evankeliumien mukaan tämä oli yksi apostolien suurimmista ongelmista.

Kun apostolit kokoontuivat yhteen Jeesuksen kanssa viettämään pääsiäistä (Joh. 13:1–17), he tiesivät, että yhden heistä täytyi pestä toisten jalat. (Tuohon aikaan ihmiset makoilivat kyljellään tyynyillä sen sijaan, että olisivat istuneet suorassa tuolilla. Tämän vuoksi aterioilla olikin erittäin tärkeää, että jalat olivat puhtaat.) Ongelma oli siinä, että jalkojen peseminen kuului alhaisimmalle palvelijalle, eikä kukaan apostoleista halunnut olla niin alhainen.

Jae Joh. 13:2 antaa ymmärtää, että jokainen heistä halusi mieluummin aterioida likaisin jaloin kuin olla alhaisin apostoleista. Tämän vuoksi Jeesus otti liinan ja määritteli näin uudelleen suuruuden, nosti palvelemisen korkeaan asemaan ja paljasti jälleen yhden ehdottoman olennaisen jumalallisen luonnon puolen.

Palvonnan asiayhteys

Meidän on tärkeää tunnistaa, että tämä kaikki tapahtui juutalaisen vuoden tärkeimmän palvontaa osoittavan teon asiayhteydessä. Vaikka pääsiäisateria syötiinkin kodeissa, syöminen liittyi palvontahetkeen, johon kuului lauluja,

Palveleminen ja palvonta

lukemista, rukouksia ja ylistystä. Jeesuksen käytännöllinen palveleminen kumpusi tästä hengellisestä palvonnasta ja oli osa tuota hengellistä palvontaa. Hänen palvelemisensa siis mitä suurimmassa määrin oli hänen palvontaansa, ja hänen palvontansa oli hänen palvelemistaan.

Jakeissa Joh. 13:14–15 kerrotaan, että sen jälkeen kun Jeesus oli palvellut apostoleja, hän antoi heille kutsun palvella samankaltaisella tavalla. Vaikuttaa kuitenkin usein siltä, että jotkut uskovat haluavat mieluummin, että heidät kutsutaan kieltämään itsensä radikaalilla tavalla evankeliumin tähden kuin että heidät kutsutaan palvelemaan näennäisesti merkityksettömällä tavalla, kuten pesemällä jalkoja.

Jeesus ei kuitenkaan kutsu seuraajiaan vain mahtavaan ylistykseen, vaarallisiin tehtäviin ja tekemään vaikeita asioita – hän kutsuu meitä myös arkiseen ja tavanomaiseen, vähäpätöiseen ja helppoon, merkityksettömään ja sivuutettuun.

Johtajuus ja arvovalta
Useimmissa tämän *Hengen miekka* -kirjasarjan kirjoissa, erityisesti kirjassa *Pojan tunteminen*, havaitaan, kuinka neljä evankeliumia täydentävät toisiaan keskittymällä Jeesuksen luonnon ja tehtävän eri puoliin. Tämän kirjasarjan eri kirjoissa on esimerkiksi opittu, että Matteus painottaa Jeesuksen arvovaltaa, Markus Jeesuksen palvelemisesta, Luukas Jeesuksen inhimillisyyttä ja Johannes Jeesuksen jumalallisuutta.

Tästä syystä onkin siis erityisen huomionarvoista, että edellä mainitusta tapahtumasta kerrotaan juuri Johanneksen evankeliumissa, ei Markuksen tai Luukkaan evankeliumeissa. Johannes tekee koko evankeliuminsa ajan kaikkensa esittääkseen Jeesuksen täysin jumalallisena ja täydellisenä ilmoituksena Jumalasta. Näyttääkseen, että Jeesuksella on täysin sama luonto kuin Isällä ja että hän on se "Minä olen", joka ilmoitti itsensä autiomaassa Moosekselle ja niin edelleen.

Tämä tarkoittaa, että Jeesuksen palveleva teko liinan kanssa ei ollut vain esimerkki siitä, miten ihmisten tulisi

Palvonta Hengessä ja totuudessa

ihannetilanteessa käyttäytyä. Se oli ennen kaikkea dynaaminen ilmoitus Jumalan tavasta käyttäytyä. Se osoittaa meille, kuinka "Herra ja opettaja", "Minä se olen", ilmentää suvereenia johtajuuttaan ja ehdotonta arvovaltaansa.

Kun Jeesus otti liinan käteensä ja pesi opetuslastensa jalat, hän ei lakkauttanut johtajuutta ja arvovaltaa – hän määritti ne uudelleen. Hän osoitti, että palveleminen kuuluu herroille yhtä paljon kuin palvelijoillekin. Jeesus opetti ja osoitti aina sellaista arvovaltaa, joka perustui tekemiseen pikemmin kuin asemaan. Johtajuutta, joka palveli ihmisiä pikemmin kuin manipuloi tai määräili heitä. Tämä havaitaan esimerkiksi jakeista Matt. 20:25–28.

Tästä voidaan päätellä, että todellista hengellistä arvovaltaa löytyy enemmän liinasta ja saippuapalasta kuin tietystä asemasta ja tittelistä.

Omavanhurskas palveleminen

Jos halutaan ymmärtää ja harjoittaa "palvelemista hengessä ja totuudessa", täytyy tehdä ero sen ja "omavanhurskaan palvelemisen" välillä.

Inhimillistä yrittämistä

Omavanhurskas palveleminen tapahtuu aina inhimillisen yrittämisen kautta: se laskelmoi ja suunnittelee, kuinka ja ketä kannattaa palvella. Todellinen palveleminen kumpuaa sen sijaan palvonnasta, Jumalan kehotuksista, jotka kuullaan, kun kumarrutaan hänen läsnäolossaan. Tätä käsitellään laajemmin kirjoissa *Jumalan hallintavalta* ja *Jumalan kuunteleminen*.

Voimme palvella hengessä ja totuudessa vain, jos olemme kuunnelleet Jumalaa ja jos hän ohjaa meitä ja varustaa meidät.

Haluaa tulla huomatuksi

Omavanhurskas palveleminen on mahtailevaa palvelemista, joka haluaa tulla huomatuksi ja johon tekevät vaikutuksen vain suuret palvelevat teot. Todellinen palveleminen ei kuitenkaan tee eroa pienten ja suurten palvelevien tekojen välillä. Se

Palveleminen ja palvonta

toivottaa aivan yhtä tervetulleiksi kaikenlaiset tilaisuudet palvella – olivatpa ne kuinka pieniä tai piilossa tapahtuvia tahansa.

Omavanhurskas palveleminen haluaa aina tulla nähdyksi ja huomatuksi, kehutuksi ja palkituksi. Todellinen palveleminen ei kuitenkaan ole huomionhakuista: se tyytyy siihen, että se tapahtuu piilossa, ja arvostaa jumalallista hyväksyntää enemmän kuin ihmisten ylistystä.

Valikoivaa ja lyhytkestoista

Omavanhurskas palveleminen keskittyy tuloksiin ja on valikoiva sen suhteen, ketä palvellaan. Todellinen palveleminen sen sijaan iloitsee itse palvelemisesta ja palvelee aivan yhtä mielellään vihollisia kuin ystäviä, alhaisia kuin korkea-arvoisia, kiittämättömiä kuin anteliaita.

Omavanhurskas palveleminen on vain lyhytkestoista toimintaa, johon vaikuttavat tunteet ja halut, kun taas todellinen palveleminen on pysyvä elämäntyyli, jota ainoastaan Jumala hallitsee.

Omien halujen tyydyttämistä

Omavanhurskas palveleminen on pohjimmiltaan omien halujen tyydyttämistä ja itsensä korottamista. Se manipuloi ja ohjailee ihmisiä ja tekee vahinkoa yhteisölle.

Todellinen palveleminen taas välittää muiden tarpeista samalla palolla, jolla ihmiset suhtautuvat itseensäkin. Se ei vaadi keltään vastapalvelusta, vaan tapahtuu Kristuksen ruumiin rakentumiseksi ja tuo suurta kunniaa Jumalalle.

Palvelemisen ilmenemismuotoja

Aivan kuten saatamme kokea kiusausta ajatella, että palvonta on vain sitä, "mitä teemme sunnuntaisin seurakunnassa", voi olla helppoa ajatella, että palveleminen on vain lista asioita, joita voisimme tai joita meidän tulisi tehdä.

Mutta aivan kuten palvonta on enemmän kuin vain sitä, että laulamme, rukoilemme ja kuuntelemme, samoin palveleminen

Palvonta Hengessä ja totuudessa

on enemmän kuin vain sitä, että siivoamme, huolehdimme muista ja laitamme ruokaa. Edellä havaittiin, että "palvonta hengessä ja totuudessa" on jatkuva tapa elää Jumalan edessä, se on pysyvä sisäinen rakastavan ihailun ja pyhän ihmetyksen täyteinen asenne. Niinpä myös "palveleminen hengessä ja totuudessa" on elämäntapa pikemmin kuin eettinen säännöstö tai tiettyjä tehtäviä sisältävä muistilista. Meidän ei pidä koskaan unohtaa, että on eri asia käyttäytyä palvelijan tavoin silloin, kun meistä tuntuu siltä, kuin olla palvelija kaiken aikaa.

Ainoastaan palvelemisen sisäisen luonnon painottaminen ei kuitenkaan riitä. Sillä aivan kuten palvova asenteemme täytyy ilmaista musiikin, liikkeen, äänen, rukouksen, ylistyksen ja kiitoksen avulla, samoin meidän täytyy tavalla tai toisella ilmaista myös palvelevaa asennettamme niin seurakunnassa kuin ympäröivässä maailmassamme.

Raamatussa ei ole palvelemista käsittelevää vastinetta Psalmien kirjalle, mutta siinä on toistuvasti monenlaisia esimerkkejä palvelemisesta, jotka saattavat helposti jäädä jopa huomaamatta.

Yksinkertaisia tekoja

Kun esimerkiksi ajatellaan niitä, joita Jumala käytti antaakseen meille Uuden testamentin, mieleemme nousee yleensä apostoli Paavali. Hänen kirjoituksensa ovat kirjaimellisesti muuttaneet maailmaa sekä miljoonien ja taas miljoonien ihmisten elämää. Mutta kuinka moni meistä pysähtyy kiittämään Jumalaa Tykikoksen kulissien takana tapahtuneesta palvelutyöstä?

Vaikuttaa siltä, että Paavali kirjoitti suurimman osan kirjeistään ollessaan vankilassa, joten hän ei voinut itse toimittaa niitä perille. Koska tuohon aikaan ei ollut olemassa postipalvelua, Paavali pyysi usein ystäväänsä Tykikosta matkaamaan satoja kilometrejä jalan kirjeiden toimittamiseksi perille. Tämä havaitaan esimerkiksi kohdista Ef. 6:21; Kol. 4:7; 2. Tim. 4:12 ja Tiit. 3:12.

Useimmat tutkijat ovat sitä mieltä, että Efesolaiskirje kirjoitettiin "ryhmäkirjeeksi", joka lähetettiin useille seurakunnille.

Palveleminen ja palvonta

Onkin siis mahdollista, että Tykikos kiersi ympäri Vähä-Aasiaa jakamassa kopioita "Efesolaiskirjeestä" kaikille tuon alueen seurakunnille.

Tykikoksen tapa palvella oli nimetöntä, piilossa tapahtuvaa, yksinäistä ja yksinkertaista toimintaa, jonka täytyi vaikuttaa arkiselta ja merkityksettömältä tuona aikana – kirjaimellisesti kuka tahansa olisi voinut tehdä samaa, mitä hän teki. Mutta meillä ei olisi nykyistä Uutta testamenttia, jos Tykikos ei olisi palvellut niin uskollisesti kuin hän teki.

Aktiivista avuliaisuutta
Suurimmalla osalla palvelevia tekoja ei tietenkään ole näin valtavia seurauksia. Jakeessa Ap. t. 9:39 esimerkiksi kerrotaan, että Dorkas palveli hyvin pienimuotoisella tavalla, jolla oli vaikutusta vain muutamiin harvoihin hänen välittömässä läheisyydessään oleviin tarvitseviin ihmisiin. Pyhä Henki näki kuitenkin hyväksi nostaa hänen palvelemisensa esiin Raamatussa esimerkkinä, josta me voimme ottaa mallia.

Meidän täytyy ottaa oppia itse Pyhältä Hengeltä. Hän on nöyrä ja vaatimaton Henki, joka on olemassa kääntääkseen huomion Poikaan eikä itseensä. Kun elämme Hengen todellisuudessa, saamme pian huomata, että todelliset asiat löytyvät muiden ihmisten elämien perimmäisistä kolkista, joissa pienet asiat ovat keskeisiä ja omaan itseen liittyvät asiat toissijaisia.

Kaikkein yksinkertaisimmalla tasolla palveleminen hengessä ja totuudessa on vain aktiivista avuliaisuutta; yksinkertaisen avun antamista vähäpätöisissä ulkoisissa asioissa, kuten oven avaamisessa, kahvin keittämisessä, astioiden tiskaamisessa ja niin edelleen. Meidän ei pidä koskaan unohtaa, että Kristus on näyttänyt meille liinalla sen, ettei *kukaan* ole liian tärkeä tai liian kiireinen palvelemaan alhaisimmissakaan asioissa.

Palveltavana olemisen hyväksyminen
Toisella tasolla palvelemiseen kuuluu palveltavana olemista ja sen hyväksymistä. Pietari ei halunnut, että Jeesus pesisi hänen

Palvonta Hengessä ja totuudessa

jalkansa. Tämä ei johtunut Pietarin nöyryydestä vaan hänen ylpeydestään, sillä se, että Jeesus palveli, loukkasi Pietarin käsitystä arvovallasta ja johtajuudesta. Jos Pietari olisi saanut päättää, hän ei missään tapauksessa olisi pessyt kenenkään jalkoja!

Kun annamme muiden palvella itseämme, tunnustamme heidän arvovaltansa meihin nähden ja otamme sen vastaan ilman, että koemme tarvetta tehdä vastapalveluksia.

Vieraanvaraisuuden osoittaminen

Vieraanvaraisuus on lähes ainoa palvelemista ilmaiseva tapa, johon Raamattu nimenomaisesti kehottaa. Jae 1. Piet. 4:9 rohkaisee kaikkia uskovia olemaan vieraanvaraisia, ja jakeet Room. 12:13, 1. Tim. 3:2 ja Tiit. 1:8 esittävät, että vieraanvaraisuus on ennakkoehto niille, jotka haluavat olla seurakunnan johdossa.

Raamattu on täynnä esimerkkejä vieraanvaraisuudesta: Rahab suojeli vakoojia, Boas piti huolta Ruutista ja Noomista, leski huolehti Eliasta ja Elisasta ja Maria ja Martta toivottivat tervetulleiksi Jeesuksen ja opetuslapset.

Kun Jeesus lähetti kaksitoista ja seitsemänkymmentä opetuslasta julistamaan evankeliumia, hän käski heitä olemaan riippuvaisia ihmisten vieraanvaraisuudesta. Ja kuten voidaan havaita, tätä samaa ohjetta noudatettiin myös kaikkialla Apostolien teoissa. Saattaakin olla, että nykyaikainen tapamme yöpyä hotelleissa ja syödä ravintoloissa on vienyt meiltä paljon siitä raamatullisesta ilosta, jota vieraanvaraisuuden osoittamisesta ja vastaanottamisesta saadaan.

Palvonta, palveleminen ja nöyryys

Tässä vaiheessa tulisi olla selvää, että palvonta/palveleminen on ennen kaikkea nöyrää toimintaa. Edellä havaittiin, että *shachah* ja *proskuneo* – kumartuminen – ovat tavanomaisia Raamatussa käytettyjä sanoja palvonnasta/palvelemisesta ja että Jumalan palvojien/palvelijoiden täytyy aina haluta

Palveleminen ja palvonta

kumartua hänen edessään, jos he haluavat palvoa/palvella häntä hänen odottamallaan ja ansaitsemallaan tavalla.

Nöyryydessä kasvaminen
Nöyryydessä kasvaminen saattaa tuntua vaikealta. Saatamme itse asiassa jopa vaikuttaa "kaikkea muuta kuin nöyriltä", jos jatkuvasti pyrimme nöyryyteen. Kun kuitenkin ryhdymme toimimaan tavalla, joka painottaa kaikkea huomaamatonta ja keskittyy muiden hyväksi toimimiseen, voimme odottaa Pyhän Hengen toimivan ja tuovan omaa nöyryyttään elämäämme.

Syntiin langennut, lihallinen ihmisyys torjuu palvelemisen ja huomaamattomuuden ja kaipaa sen sijaan mukavuutta ja tunnustusta. Nämä ovat kuitenkin haluja, jotka täytyy "ristiinnaulita" yhtä tiukasti ja hellittämättömästi kuin vääränlaiset seksuaaliset halutkin. Jakeiden 1. Joh. 2:16 kaltaiset kohdat eivät ainoastaan viittaa seksuaalisuuteen vaan kaikenlaisiin inhimillisiin tunteisiin ja tekoihin, jotka eivät ole täysin Jumalan hallinnan alla.

Monet ihmiset kamppailevat vääränlaisten halujen kanssa eivätkä tiedä, miten ne on mahdollista selättää. Läpi seurakunnan historian monet eri uskovien ryhmät ovat havainneet, että juuri tasapainoinen sekoitus hengellistä palvontaa ja huomaamatonta palvelemista on paras tapa hallita lihallisia haluja ja kehittää jumalallinen, terveen nöyryyden täyteinen asenne.

Tämä oli tärkein vaikutin kaikissa varhaisissa munkkikunnissa, joita Jumala käytti levittämään evankeliumia kaikkialle Eurooppaan ja istuttamaan ensimmäiset seurakunnat Britanniaan ja Irlantiin.

Myöhemmin 1700-luvulla, kun Jumala lähetti uuden herätyksen Britanniaan Wesleyn ja Whitfieldin kaltaisten miesten kautta, hän antoi eräälle hyvin erilaiseen kirkkokuntaan kuuluvalle miehelle innoituksen kirjoittaa yhden kaikkien aikojen merkittävimmistä kristillisistä kirjoista – nimittäin kirjan *A serious call to a devout and holy life*.

Palvonta Hengessä ja totuudessa

William Law opetti, että uskovien tulisi pitää jokaista päivää "nöyryyden päivänä" ja "toisten palvelemisen päivänä". On hämmästyttävää, että samalla kun Jumala käytti Wesleytä tuomaan satojatuhansia uusia käännynnäisiä osaksi seurakuntaa, hän samaan aikaan käytti Law'ta tuomaan seurakuntaan uuden ja raikkaan pyhyyden aallon.

Law'n mukaan meidän on mahdollista kasvaa nöyryydessä, jota Jumala haluaa todellisissa palvojissa olevan. Tätä tapahtuu, kun me:

suvaitsemme kaikkia lähimmäistemme heikkouksia ja vajavaisuuksia, kätkemme heidän vikansa, rakastamme heidän hyviä puoliaan, edistämme heidän hyveitään, helpotamme heidän tarpeitaan, iloitsemme heidän vauraudestaan, suhtaudumme myötätuntoisesti heidän huoliinsa, otamme vastaan heidän ystävyytensä, sivuutamme heidän epäystävällisyytensä, annamme anteeksi heidän pahantahtoisuutensa, olemme palvelijoiden palvelijoita ja alennumme alhaisimpien ihmisten alhaisimpiin tehtäviin.

Kun alamme totella Jumalaa ja palvella toisia ihmisiä samalla palolla, jolla suhtaudumme itseemme, saamme huomata, että *shachah-* ja *proskuneo*-nöyryys alkavat kukoistaa elämässämme.

Alamme hätäillä vähemmän ja saamme syvemmän rauhan. Alamme suhtautua myötätunnolla niihin, joille olimme aiemmin kateellisia. Alamme olla kiinnostuneita niistä, jotka aiemmin sivuutimme. Ja alamme kokea aivan uudenlaisella tavalla samaistumista *ptochos*-ihmisiin – "kärsiviin", joita Jeesus tuli tavoittamaan ja pelastamaan.

Mutta mikä kaikkein tärkeintä, *shachah-* ja *proskuneo*-nöyryys tekevät meistä todellisia palvojia, jotka ovat paljon aiempaa tietoisempia Jumalasta ja valmiimpia ja innokkaampia ylistämään häntä. Huomaamattomasta palvelemisesta tulee käytännössä toteutuva kiitosaihe, kun hengellinen

Palveleminen ja palvonta

palvontamme saa aikaan käytännöllistä palvelemista ja kun palvelemisemme johtaa meitä suoraan Jumalan luo, ylistämään ja ihailemaan häntä.

Osa 7

Antaminen ja palvonta

Edellä havaittiin, että Uusi testamentti kehottaa meitä antamaan Jumalalle seuraavat kolme uhria palvonnassa:

◆ ruumiimme

◆ varallisuutemme

◆ ylistyksemme.

Vaikka näitä palvonnan puolia käsitelläänkin tässä kirjassa erikseen – tässä osassa sekä osissa 8 ja 9 –, on tärkeää ymmärtää, että ne ovat kolme toisiaan täydentävää ja päällekkäistä puolta siitä, mitä palvonta/palveleminen hengessä ja totuudessa on.

Jumala ei kutsu meitä valitsemaan joko huomaamatonta palvelemista tai anteliasta antamista, joko iloista ylistämistä tai käytännöllistä avuliaisuutta, vaan hän kutsuu meitä palvomaan/palvelemaan itseään olemuksemme jokaisella osalla – ja siihen kuuluu *sekä* palvelemista *että* antamista *että* ylistämistä. Jos lyömme laimin mitä tahansa näistä puolista, emme palvo häntä hengessä ja totuudessa.

Edellä myös havaittiin, että palvonta on inhimillinen vastauksemme Jumalan ilmoittavaan aloitteeseen ja että Jumalan luonto määrittää sen, millainen tuo vastauksemme on. Vastaamme esimerkiksi pyhällä palvonnalla, koska Jumala on näyttänyt olevansa pyhä; vastaamme uhrautuvaisuudella, koska Jumala on paljastanut olevansa itsensä uhraava Jumala; vastaamme ylistyksellä, koska Jumala on osoittanut olevansa täynnä iloa ja ylistystä; vastaamme pesemällä toisten jalkoja, koska hän on ilmoittanut itsensä Jumalana, joka pesee likaisia jalkoja; ja vastaamme hänelle antamalla, koska kaikki mitä Jumala tekee, kertoo siitä, että hän on antava Jumala.

Palvonta Hengessä ja totuudessa

Tarkasteltiinpa Jumalaa sitten luomisen tai lunastuksen, armon tai rakkauden tai totuuden tai laupeuden näkökulmasta, voidaan aina nähdä, että hän on pyhä antaja.

Antaminen Vanhassa testamentissa

Vanhassa testamentissa Jumalan kansa vastasi Jumalan armontäyteiseen anteliaisuuteen kolmenlaisella antamisella:

◆ uhraamalla Jumalalle uhreja

◆ antamalla kymmenykset köyhille ja uskonnollisille johtajille

◆ antamalla vapaaehtoisia uhrilahjoja erityisprojekteja varten.

Uhrit

Uhrit olivat lahjoja, jotka annettiin suoraan Jumalalle. Niitä käsiteltiin jo tämän kirjan osassa 3, ja niitä tarkastellaan yksityiskohtaisemmin kirjassa *Pelastus armosta*. Edellä jo havaittiin, että aina kun Israelin kansa kääntyi Jumalan puoleen, se palvoi häntä uhraamalla hänelle uhreja.

Jotkut uskovat tuntuvat ajattelevan, että juutalaiset uhrasivat Jumalalle uhreja vain omien syntiensä tähden. Vanha testamentti kuitenkin osoittaa, että he uhrasivat Jumalalle sekä iloitessaan että ollessaan murheellisia. He antoivat hänelle parhaansa tehdessään parannusta ja anoessaan anteeksiantoa, mutta yhtä lailla myös kiitoksen, pyhittäytymisen, esirukouksen, ylistyksen ja palvonnan yhteydessä.

Kymmenykset

Kymmenykset olivat vuosittain annettava lahja, joka oli arvoltaan kymmenen prosenttia perheen tuloista. Niillä maksettiin toimeentulo köyhille sekä uskonnollisille johtajille. Vanhassa testamentissa ei määritetä, miten kymmenykset tuli tarkalleen ottaen kerätä, ja vaikuttaakin siltä, että tuo käytäntö myös muuttui vuosisatojen kuluessa. Jakeet 3. Moos 27:30–

Antaminen ja palvonta

32 tekevät kuitenkin selväksi, että kymmenykset tuli maksaa kaikesta sadosta ja kaikista eläimistä.

Aina kun ihmiset keräsivät sadon, kymmenesosa siitä täytyi antaa pois. Ja kerran vuodessa ihmiset kulkivat kierroksen laitumillaan ja laskivat eläimensä. Jotta valinta olisi vilpitön, järjestyksessä joka kymmenes eläin annettiin pois. Ihmiset eivät voineet käyttää kymmenyksiä keinona päästä eroon huonommista eläimistään, mutta heidän ei myöskään tarvinnut valita parhaita – kuten uhrien kohdalla oli vaatimuksena.

On tärkeää myös huomata, että kymmenyksistä ei vähennetty sitä, minkä perheet uhrasivat vuoden mittaan uhrien muodossa. Ihmiset antoivat uhrinsa tulojensa siitä osasta, joka jäi jäljelle sen *jälkeen*, kun he olivat maksaneet kymmenyksensä.

Kohdat 3. Moos. 27:30 ja Mal. 3:6–12 osoittavat, että kymmenykset kuuluivat Jumalalle ja että ne annettiin Jumalalle. Toisin kuin uhrit, kymmenykset olivat kuitenkin Jumalan erityinen tapa pitää huolta tietyistä ihmisryhmistä.

Kahtena vuotena kolmesta perheet antoivat kymmenyksensä leeviläisille ja papeille, jotka olivat vastuussa kansan palvontamenoista, ja kolmantena vuotena he antoivat ne paikkakuntansa köyhille. Kohdissa 4. Moos. 18:21–32 ja 5. Moos. 14:29 selitetään, miksi kymmenykset annettiin juuri näille ihmisryhmille.

On tärkeää huomioida, ettei Vanhan testamentin kymmenyksillä maksettu rakennuksia tai erityisprojekteja – nämä rahoitettiin vapaaehtoisilla uhreilla. Kymmenykset käytettiin sen sijaan täysin toimeentuloksi niille ihmisille, joiden päätehtävä Jumalan palveleminen oli, sekä niille, jotka kipeästi tarvitsivat toimeentuloa.

Vapaaehtoiset uhrilahjat
Vapaaehtoisia uhrilahjoja annettiin yleensä erityisprojekteihin – etenkin erityisten rakennusten rakennuttamiseen ja kunnossa pitämiseen. Esimerkiksi:

Palvonta Hengessä ja totuudessa

- uhrilahja pyhäkköteltan rakentamista varten – 2. Moos. 25:1–4, 35:1–29 ja 36:2–7
- ensimmäinen uhrilahja temppelin rakentamista varten – 1. Aik. 28–29
- toinen uhrilahja temppelin rakentamista varten – Esra 1:2–6, 2:68–69, 3:5, 7:16 ja Neh. 7:70–72.

Nämä uhrilahjat eivät olleet kymmenyksiä, sillä ihmisten ei täytynyt antaa niihin tiettyä osuutta tuloistaan. Ne olivat "vapaaehtoisia" lahjoja, joten ihmisten ei myöskään ollut pakko edes osallistua niihin. Niitä, jotka sydämestään niin halusivat tehdä, pyydettiin antamaan niin paljon tai niin vähän kuin he halusivat. Nämä uhrilahjat olivat aina hyvin tarkkaan tiettyä tarkoitusta varten – ihmiset tiesivät, mitä tarvittiin ja miten heidän lahjansa käytettäisiin – ja lahjoja ei enää kerätty, kun oli saatu tarpeeksi.

Jumalan kansan velvollisuus oli myös pitää anteliaasti huolta köyhistä antamalla säännöllisesti vapaaehtoisia uhrilahjoja heille – tämä havaitaan esimerkiksi kohdista 5. Moos. 10:17–19, 15:7–11, 24:10–22 ja Jes. 58:6–11.

Antaminen ja Jeesus

Tässä *Hengen miekka* -kirjasarjassa on usein todettu, että Jeesus opetti enemmän rahaan liittyvistä asioista kuin mistään muusta aiheesta Jumalan valtakuntaa lukuun ottamatta. Jeesus käytti paljon aikaa rahasta puhumiseen, ja jakeessa Mark. 12:41 kerrotaan, että hän katseli, mitä ihmiset antoivat tullessaan palvomaan, että hän erotti, missä hengessä he antoivat, ja että hän kommentoi heidän antamisensa määrää.

Matteuksen evankeliumin jae 6:24 on perusta kaikelle Jeesuksen opetukselle rahasta: hän sanoo sen olevan voima – väärä jumala – joka pyrkii hallitsemaan ja orjuuttamaan ihmisiä. Tämä selittää, miksi meistä on niin vaikeaa antaa rahaa pois ja miksi niin suuri osa Jeesuksen rahaa koskevista opetuksista sijoittui evankelioimisen yhteyteen.

Antaminen ja palvonta

Jeesuksen opetus antamisesta

Luukkaan evankeliumin jakeissa 3:8-11 Johannes Kastaja opettaa, että antamisen tulee olla parannuksen tekemisen ensihedelmä, ja Jeesus painottaa toistuvasti, että antaminen on osa sitoutumistamme häneen. Tämä havaitaan esimerkiksi kohdista Matt. 19:23-26; Luuk. 5:1-11, 12:33-34 ja 18:18-23.

Kuuluisassa vertauksessaan lampaista ja vuohista (Matt. 25:31-46) Jeesus tekee selväksi, että Jumala haluaa meidän antavan anteliaasti tarvitseville. Lisäksi jakeessa Luuk. 11:42 hän painottaa, että tunnollinen kymmenysten maksaminen ei – yksinään – riitä, vaan että meidän tulee lisäksi antaa vapaaehtoisia lahjoja tarvitseville. Tämä periaate tulee dramaattisella tavalla havainnollistetuksi kohdassa Luuk. 10:29-37.

Luukkaan evankeliumin luku 16 sisältää Jeesuksen kaikkein perusteellisimman opetuksen koskien rahan käyttöä. Jeesus havainnollistaa opetustaan kertomuksella rikkaasta miehestä ja Lasaruksesta. Jeesuksen jyrkin opetus antamisesta taas löytyy vuorisaarnasta, jakeesta Matt. 5:42. Tuon jakeen perusperiaatteen Jeesus toistaa vielä kohdassa Luuk. 6:30-38 (meidän ei pidä koskaan unohtaa, että jakeessa 38 luvatut palkkiot liittyvät jakeessa 30 vaadittuun antamiseen).

Jakeissa Matt. 6:1-3 Jeesus jatkaa opetustaan antamisesta kertomalla, miten meidän tulisi antaa. Hän selittää, että menetämme taivaallisen palkkamme, jos pyrkimyksemme on saada ihmiset huomaamaan antamisemme. Jakeissa 19-21 hän jatkaa puhumalla aarteiden kokoamisesta taivaaseen sen sijaan, että panostaisimme katoaviin maanpäällisiin aarteisiin. Tämän jälkeen Jeesus vielä rohkaisee uskovia käytännöllisiin jokapäiväisen elämän välttämättömyyksiin, kuten ruokaan ja vaatteisiin, liittyen "etsimään ensin Jumalan valtakuntaa" ja lupaa, että meille "annetaan kaikki tämäkin" – jae 33.

Luukkaan evankeliumin jakeista 14:12-14 löytyvät Jeesuksen ohjeet vieraanvaraisuudesta: jälleen kerran Jeesus osoittaa, että Jumala haluaa meidän nostavan tarvitseville antamisen etusijalle – sillä siten annamme itse asiassa

Palvonta Hengessä ja totuudessa

Jumalalle. Kohdat Matt. 17:24-27, 22:15-22; Mark. 12:13-17 ja Luke 20:20-26 osoittavat, että Jeesus opetti ihmisiä myös maksamaan veronsa – ja että hän itsekin maksoi omat veronsa.
Jakeessa Matt. 23:23 Jeesus puhuu kymmenysten maksamisesta. Siinä hän nuhtelee fariseuksia, jotka maksoivat kymmenyksensä säntillisesti, eivätkä siksi pitäneet tärkeänä nostaa etusijalle tärkeämpiä asioita, kuten oikeudenmukaisuutta, laupeutta ja uskollisuutta. Mielenkiintoista on, ettei Jeesuksen nuhtelu mitätöi kymmenysten maksamista – Jeesus sitä vastoin vahvistaa sen, vaikkakin hän samaan hengenvetoon ankkuroi sen oikeanlaiseen sydämen asenteeseen ja siihen, "mikä laissa on tärkeintä".
Tämä tuo esiin sen, miten Jeesus suhtautuu lakiin. Tätä käsitellään perusteellisesti tämän *Hengen miekka* -kirjasarjan osassa *Jumalan hallintavalta*. Uusi testamentti opettaa selvästi, että Jeesus on täyttänyt lain, kuten havaitaan kohdista Room. 10:4, Gal. 3:23-25 ja Ef. 2:15. Kristus täytti sekä laista löytyvät, häntä itseään koskevat profeetalliset toteamukset (Luuk. 24:44) että itse lain vaatimukset, jotka vaativat kuuliaisuutta (Gal. 3:10 ja 13). Laki ei siis enää ole kristittyä uskovaa sitova säännöstö, olipa tämä juutalainen tai pakana. Juuri tästä syystä Uudesta testamentista voidaankin löytää sellaisia kohtia kuin Mark. 7:19, jossa Jeesus julisti kaiken ruoan olevan puhdasta.
Tämä ei kuitenkaan tarkoita, etteikö lailla olisi mitään opetettavaa nykykristityille (1. Kor. 9:8-10), ja onkin huomionarvoista, että mitä tulee moraaliin, Jeesus vahvisti lain jumalalliset periaatteet ja kutsui opetuslapsiaan noudattamaan vielä korkeampia normeja kuin mitä laki vaati. Kohdissa Matt. 5:21-22 ja 27-28 Jeesus esimerkiksi samastaa vihan tappamiseen ja himon aviorikokseen. Hän tiesi, että oli mahdollista olla tappamatta mutta silti vihata tai olla tekemättä aviorikosta mutta silti himoita sydämessä, joten hän ohjasi opetuslapsensa lain kirjainta syvemmälle asian ytimeen. Tästä huolimatta Mooseksen laki keskeisenä, Israelin suhdetta Jumalan kanssa säätelevänä järjestelmänä täyttyi

täysin Jeesuksen elämässä, palvelutyössä, kuolemassa ja ylösnousemuksessa. Ja juuri tästä syystä kristittyjen ei tarvitse elää lain alla.

Mitä tämä sitten merkitsee kymmenysten osalta? Jotkut jopa sanovat, että Jeesus vahvisti kymmenysten maksamisen periaatteen jakeessa Matt. 23:23 vain siksi, koska hän puhui siinä juutalaiselle yleisölle. Jos hän olisi puhunut pakanoille, hän olisi saattanut sanoa jotain aivan muuta. Vaikka tällainen ajattelutapa saattaa olla perusteltu, se sivuuttaa kuitenkin sen, että kymmenysten maksaminen on raamatullinen periaate, joka oli olemassa jo ennen lakia. Kuten myöhemmin nähdään Heprealaiskirjeen lukuun 7 liittyen, kristittyjen ei tule nykyään maksaa kymmenyksiä, koska laki käskee tehdä niin – heidän tulee maksaa kymmenyksiä, koska se on erittäin hyvä ja sopiva vastaus Kristuksen ylipapilliseen toimintaan. Se ettei Jeesus koskaan kumoa kymmenysten maksamista, on hyvin merkittävä seikka. Hän sitä vastoin vahvistaa sen tuossa ainoassa raamatunpaikassa, jossa hän nimenomaan puhuu juuri kymmenysten maksamisesta (hän lisäksi mainitsee kymmenysten maksamisen ohimennen myös erään vertauksen yhteydessä Luukkaan evankeliumin jakeissa 18:9–14). Meidän tulee siis maksaa kymmenykset pohjimmiltaan siksi, koska kymmenysten maksaminen on hyvä ja jumalallinen, Mooseksen lain ylittävä periaate.

Jeesuksen antavat kohtaamiset

Evankeliumeissa kerrotaan monista tilanteista, joissa ihmiset antavat jotakin Jeesukselle, joissa Jeesus kehottaa ihmisiä antamaan ja joissa hän kommentoi ihmisten antamista. Esimerkiksi:

- ◆ idän tietäjät palvoivat Jeesusta antamalla lahjoja – Matt. 2:9–12
- ◆ naiset palvoivat Jeesusta voitelemalla hänet voiteilla – Matt. 26:6–13; Mark. 14:3–9; Luuk. 7:36–50 ja Joh. 12:1–11

Palvonta Hengessä ja totuudessa

- naiset tukivat Jeesuksen toimintaa käytännöllisesti varoillaan – Luuk. 8:1–3, 10:38–42; Joh. 11:1–45 ja 12:1–12
- Joosef antoi Jeesukselle hautansa – Matt. 27:57–60; Mark. 15:42–47 ja Luuk. 23:50–54
- Kleopas ja hänen matkakumppaninsa antoivat Jeesukselle aterian – Luuk. 24:13–35
- rikas nuori mies kieltäytyi antamasta Jeesuksen ohjeistamalla tavalla – Matt. 19:16–22; Mark. 10:17–22 ja Luuk. 18:18–23
- Sakkeus antoi enemmän kuin mitä Jeesus ohjeisti häntä antamaan – Luuk. 19:1–10
- poika antoi lounaansa Jeesukselle – Joh. 6:9
- leski antoi palvoessaan kaiken, mitä hänellä oli – Mark. 12:41–44 ja Luuk. 21:1–4
- spitaalinen totteli Jeesusta ja antoi kiitollisuuden täyttämällä mielellä – Matt. 8:1–4; Mark. 1:40–44 ja Luuk. 5:12–14.

Pojan ja lesken lahjat ovat erityisen tärkeitä. Maallisesta näkökulmasta katsottuna molemmat näyttivät pieniltä, mutta taivaallisesta näkökulmasta katsottuna ne olivat valtavia. Jeesuksen mukaan naisen kaksi – vaivaista – kolikkoa olivat arvokkaampia kuin kaikkien muiden palvojien kaikki lahjoitukset yhteensä!

Tämä osoittaa, ettei Jumala mittaa sitä, mitä annamme palvoessamme häntä. Hän sitä vastoin mittaa sen, mitä emme anna. Vaikka pojan lahja näyttikin pieneltä maan päällä, se oli valtavan suuri taivaassa, koska poika antoi kaiken, mitä hänellä oli. Ruokkimisihmeen yhteydessä Jeesus myös sai tuon pojan lounaan näyttämään yhtä isolta maan päällä kuin mitä se todellisuudessa oli taivaassa. Hän antoi ihmisten hyötyä pojan lahjan hengellisestä koosta.

Antaminen ja palvonta

Tämä tarkoittaa, että ne, jotka antavat kaikkein vähiten, saattavatkin itse asiassa antaa kaikkein eniten, ja että ne, jotka lahjoittavat suuria lahjoja, saattavatkin itse asiassa antaa vain pienenpieniä määriä. Meidän ei pidä olla huolissamme siitä, jos annamme vain pieniä määriä rahaa – jos se on kaikki, mitä meillä on –, sillä Jumala voi käyttää näitä pieniäkin määriä valtavalla tavalla.

Antaminen ja alkuseurakunta

Alkuseurakunnan tarina alkaa Jumalan antamasta erityisestä lahjasta. Jakeissa Ap. t. 2:1–4 kerrotaan, kuinka Jumala antoi itsensä, Henkensä, voimansa ja niin edelleen. Hän antoi sen vapaaehtoisesti ilman mitään ennakkoehtoja niille samoille ihmisille, jotka olivat vain muutamia viikkoja aiemmin hylänneet ja kieltäneet hänen Poikansa.

Jumalan antamisella oli suoraan se seuraus, että noin 3 000 ihmistä uskoi ja heidät kastettiin tuona päivänä. Tässä nähdään ensimmäistä kertaa Uuden testamentin periaate, että lahjat ja antaminen saavat aikaan kasvua.

Antava yhteisö

Apostolien tekojen jakeissa 2:42-47 kerrotaan, mitä uusille käännynnäisille tapahtui. Todistuksena heidän parannuksen teostaan heidän tapansa käyttää rahaa muuttui ja antamisesta tuli keskeinen asia heidän elämissään, jotka oli nyt annettu Kristukselle.

Kun he näkivät tarpeen, he antoivat tuon tarpeen täyttämiseksi, ja tämä antaminen sai aikaan ylistystä ja palvontaa. Heidän anteliaisuutensa sai heissä itsessään aikaan iloa ja tyytyväisyyttä, se teki suuren vaikutuksen muihin ihmisiin ja se sai aikaan merkittävää seurakunnan kasvua.

Jakeet Ap. t. 3:1–9 osoittavat, että tätä antavaa yhteisöä johtivat anteliaat johtajat, sillä niissä kerrotaan, kuinka Pietari ja Johannes antoivat rammalle kerjäläiselle. He eivät sivuuttaneet tätä apua tarvitsevaa miestä eivätkä antaneet hänelle pieniä vaihtorahojaan. Sen sijaan he lupasivat antaa hänelle sen,

Palvonta Hengessä ja totuudessa

mitä heillä oli. Meidän ei pidä olla niin innoissamme tuosta paranemisihmeestä, että Pietarin ja Johanneksen anteliaisuus jää meiltä huomaamatta.

Apostolien tekojen jakeissa 4:32–35 kerrotaan uskovien anteliaisuudesta. Jälleen täytyy pitää huolta siitä, ettei apostolien todistusta irroteta tästä antamisen asiayhteydestä. Uskovien anteliaisuus oli osa heidän todistustaan Jeesuksen ylösnousemuksesta. Uskovat antoivat uhrautuvasti vastauksena Jeesuksen uhrilahjaan. Heidän anteliaisuutensa todisti, että Jeesus eli.

Näissä jakeissa ilmenee myös merkittävä uusi asia. Alkuseurakunta alkoi nimittäin ensimmäistä kertaa organisoida antamistaan, jotta lahjat saataisiin käytettyä tehokkaammin. Uskovat eivät enää ainoastaan antaneet suoraan köyhille, vaan he antoivat myös yhteiseen kassaan, josta heidän antamansa lahjat ohjattiin kaikkein suurimmassa tarpeessa oleville.

Vanhassa testamentissa ihmisten "kolmannen vuoden" kymmenykset koottiin jokaisessa kaupungissa yhteen yhteiseksi varastoksi, jolla köyhät voitiin ruokkia – ja vaikuttaa siltä, että alkuseurakunta noudatti tätä samaa mallia.

Ananias ja Safira
Vaikuttaa siltä, että Luukas – Apostolien tekojen kirjoittaja – esittää tarkoituksella useita eri vastakohtaisuuksia kummassakin kirjassaan. Edellä havaittiin, että hän asetti vastakkain rikkaan nuoren hallitusmiehen ja Sakkeuksen, ja jakeissa Ap. t. 4:36–5:11 hän tuntuu asettavan vastakkain Barnabaksen sekä Ananiaan ja Safiran.

Barnabas myi pellon ja antoi kaikki siitä saamansa rahat seurakunnan yhteiseen kassaan. Myös Ananias ja Safira myivät jotakin omistamaansa, mutta he antoivat vain osan hinnasta kassaan. He halusivat anteliaasta antamisesta saatavan julkisen arvostuksen mutta eivät kyenneet luopumaan kaikista rahoistaan.

Pietari tekee selväksi jakeessa Ap. t. 5:4, ettei kukaan pakottanut Ananiasta ja Safiraa myymään omaisuuttaan

Antaminen ja palvonta

ja että he olisivat aivan hyvin voineet sopia antavansa vain osan saamastaan hinnasta. He kuitenkin valehtelivat – koska eivät kyenneet myöntämään, etteivät halunneet antaa kaikkea.

Ananiaan ja Safiran kuolemat jakeissa 5:5–11 ovat pelottava varoitus antamisesta. Aivan kuten Israelin tarina alkaa siitä, kun Jumala ei hyväksy Kainin lahjaa, samoin seurakunnan tarina alkaa siitä, kun Jumala hylkää pariskunnan, joiden tapaa antaa hän ei hyväksy.

Antamiseen liittyviä ongelmia

Apostolien tekojen jakeissa 6:1–7 kerrotaan yhdestä alkuseurakunnan ensimmäisistä ongelmista. Käännynnäisten määrä oli kasvanut niin nopeasti, että yhteisestä kassasta huolimatta joukko leskiä joutui syrjityksi päivittäisten avustusten jaon yhteydessä. Apostoleilla oli niin paljon tehtävää, etteivät he onnistuneet sekä saarnaamaan että jakamaan varoja tehokkaasti.

Apostolit ratkaisivat tämän ongelman delegoimalla. He valitsivat seitsemän Hengen täyttämää miestä ja asettivat heidät yhteisesti vastuuseen varoista ja sen varmistamisesta, että ihmisten antamiseen liittyvät asiat hoidettiin oikein. Koska uskovat suhtautuivat antamiseensa niin suurella vakavuudella, Jumalan sana levisi ja opetuslasten määrä kasvoi suuresti Jerusalemissa.

Antavat uskovat

Vaikuttaa siltä, että ainakin Luukkaan mukaan anteliaisuus on kristityn uskovan peruspiirre. Evankeliumissaan hän toistuvasti kommentoi ihmisten antamista – esimerkiksi Kapernaumin sadanpäällikön antamista kohdassa 7:5–6, Johannan ja Susannan antamista kohdassa 8:1–3, Sakkeuksen antamista kohdassa 19:8–10, lesken antamista kohdassa 21:1–4 sekä Joosefin antamista kohdassa 23:50–54.

Ja samoin hän tekee myös toisessa kirjassaan. Hän kommentoi esimerkiksi Barnabaksen antamista kohdassa Ap.

Palvonta Hengessä ja totuudessa

t. 4:36–37, Dorkaksen antamista kohdassa Ap. t. 9:36–39 ja Korneliuksen antamista kohdassa Ap. t. 10:1–2.

Antaminen kaukana oleville ihmisille

Apostolien tekojen jakeissa 11:27–30 kerrotaan tärkeästä uudesta vaiheesta antamisessa. Barnabas ja Paavali olivat opettamassa pakanauskovia Syyrian Antiokiassa – lähes kuuden ja puolen sadan kilometrin päässä Jerusalemista pohjoiseen – kun heidän luokseen tuli joitakin profeettoja, jotka ilmoittivat tulevasta suuresta nälänhädästä.

Profeetat eivät kertoneet Antiokian uskoville, mitä näiden tulisi tehdä – he vain yksinkertaisesti saattoivat tämän tulevan tarpeen heidän tietoonsa. Opetuslapset päättivät sitten keskenään, että he täyttäisivät tämän tarpeen keräämällä vapaaehtoisen uhrilahjan Israelin uskoville.

Tuohon hetkeen asti antaminen oli aina tapahtunut paikallisiin tarpeisiin. Kymmenykset, uhrit ja uhrilahjat oli aina annettu paikallisille johtajille ja omassa välittömässä läheisyydessä oleville köyhille. Nyt uskovat kuitenkin ymmärsivät, että he olivat vastuussa myös niistä tarpeessa olevista ihmisistä, joita he eivät voineet nähdä ja joita he eivät koskaan olleet tavanneet.

Mielenkiintoista on, että juuri nämä antiokialaiset antajat olivat niitä ihmisiä, joita alettiin ensimmäisinä kutsua kristityiksi. Jos haluamme, että meistäkin käytetään tuota heille annettua nimeä, ehkäpä meidänkin tulisi päättää antaa sellaisella tavalla, jolla he antoivat.

Paavalin antamisen täyteiset jäähyväiset

Apostolien tekojen jakeisiin 20:17–37 on merkitty muistiin Paavalin jäähyväispuhe Efeson uskoville, joita hän oli palvellut yli kahden vuoden ajan. Hän olisi voinut saarnata mistä aiheesta tahansa, mutta hän valitsi opettaa antamisesta. Hän olisi voinut valita minkä tahansa tekstin, mutta hän valitsi joitakin Jeesuksen itsensä lausumia sanoja antamisesta.

Antaminen ja palvonta

Antaminen oli niin tärkeä aihe Paavalille, että hän valitsi sen viimeiseksi asiaksi, jonka hän sanoi opetuslapsille. Aina kun nämä efesolaiset jatkossa muistelivat Paavalia, he muistivat varmasti myös hänen jäähyväispuheensa.

Jakeessa 20:35 mainitut Jeesuksen sanat eivät löydy sellaisinaan evankeliumeista. Niihin kuitenkin tiivistyvät sekä Jeesuksen että Paavalin opetukset – sekä alkuseurakunnan elämäntapa. Alkuseurakunnan uskovat tiesivät, että antaminen sai aikaan onnellisuutta, ja ymmärsivät, että antaminen sai aikaan kasvua – ja että se oli Jumalan kansalleen tarkoittama tapa toimia.

Meille ei pitäisi tulla yllätyksenä, että Paavali valitsi juuri tämän saarnan, sillä Apostolien teoissa kerrotaan, että hän oli aina valmis keräämään rahaa muille. Edellä havaittiin, että hän oli Antiokiassa, kun antiokialaiset antoivat anteliaasti nälänhädästä kärsiville, ja hän myös vei nuo rahat Barnabaksen kanssa Jerusalemiin. Jakeiden Room. 12:8, 13 ja 20 sekä 15:27–27 kaltaiset kohdat kuvastavatkin Paavalin huolta siitä, että antavatko uskovat varmasti anteliaasti.

Kymmenykset ja uhrit

Edellä havaittiin, että ensimmäiset uskovat maksoivat edelleen kymmenyksensä juutalaisille uskonnollisille johtajille ja uhrasivat uhrinsa Jerusalemin temppelissä. He tekivät näin, koska olivat juutalaisia.

Kun pakanoita alkoi tulla uskoon, heräsi kuitenkin kiistaa siitä, mitä juutalaisia säännöksiä heidän tulisi noudattaa. Jerusalemissa pidetyn kokouksen jälkeen apostolit päättivät, että pakanauskovien tuli ainoastaan pidättäytyä kielletyistä avioliitoista, kaikesta minkä epäjumalanpalvelus on saastuttanut sekä lihasta, josta ei ole laskettu verta. Heidän ei täytynyt uhrata uhreja tai ottaa ympärileikkausta tai maksaa kymmenyksiä Mooseksen lain ilmoittamalla tavalla.

Mutta vaikka alkuseurakunnalla ei ollut lain sanelemia sääntöjä koskien kymmenysten maksamista, uskovat ymmärsivät silti, että palvelutyössä toimiville tulisi maksaa

Palvonta Hengessä ja totuudessa

kunnollinen toimeentulo. Paavali tekee tämän selväksi jakeessa 1. Tim. 5:17. Ja kun uskovat lakkasivat uhraamasta Jumalalle uhreja temppelissä, he alkoivat antaa hänelle muunlaisia uhreja. Tämä havaitaan esimerkiksi kohdista Room. 12:1; Ef. 5:1-2; Fil. 4:15-20 ja Hepr. 13:16.

Jotkut opettajat torjuvat ajatuksen, että kymmenykset ovat uusitestamentillinen periaate. Selvää joka tapauksessa on, että ne eivät ole Uuden testamentin laki. Antaminen on kuitenkin tärkeä osa palvontaamme, ja kymmenysten maksaminen on erityisen sopiva vastaus Jeesuksen ylipapillisen viran tunnustamiseen.

Tähän liittyen on hyvä tarkastella Heprealaiskirjettä, joka korottaa Jeesuksen persoonaa ja työtä enemmän kuin yksikään toinen Raamatun kirja ja jonka ajatellaan osoittavan, kuinka paljon parempi Jeesuksen uusi liitto on kuin Mooseksen vanha liitto. Heprealaiskirjeen kirjoittaja pyrkii joka käänteessä kaikin tavoin osoittamaan, että uusi liitto korvaa vanhan, mutta on kuitenkin hyvä huomioida, mitä kirjoittaja sanoo "vanhasta" tavasta maksaa kymmenyksiä.

Luvussa 7 Heprealaiskirjeen kirjoittaja vertailee kymmenysten maksamista lain alla ja kymmenysten maksamista armon alla. Hän tekee eron kahden liiton välillä (vanhan ja uuden), kahden pappisviran välillä (Leevin heimon ja Melkisedekin) ja kahdenlaisten kymmenysten välillä (Abrahamin ja lain). Merkittävä seikka on, että kirjoittaja kunnioittaa Abrahamin Melkisedekille antamia kymmenyksiä ja myös korostaa – esimerkiksi jakeessa 6:20 – että Jeesus on ylipappi, jonka pappeus on Melkisedekin pappeutta. Johtopäätös tästä on, että aivan kuten Abrahamin kymmenykset toivat kirkkautta ja kunniaa Melkisedekille, samoin nykyään annettavat kymmenykset ovat ilmeinen vastaus Jeesuksen ylipapilliseen virkaan.

Kymmenysten maksaminen ei kuitenkaan enää ole laki, eikä hengellisten johtajien tule tai pidä pakottaa tai manipuloida seurakuntansa jäseniä maksamaan kymmenyksiä, jos nämä eivät halua niin tehdä. Lain alla kymmenykset olivat vero. Armon

Antaminen ja palvonta

alla ne ovat vapaaehtoista kiittämistä Jeesuksen ylipapillisesta virasta sekä tuon viran kunnioittamista ja tunnustamista.

Kymmenykset ovat nykyään kätevä mittapuu sille, mitä kristillisen antamisen tulee vähintään olla, ja on hyvä huomioida, että Raamattu liitää suuren joukon siunauksia antamiseen ja kymmenysten maksamiseen – esimerkiksi kohdissa Mal. 3:10 ja 2. Kor. 9:6. Loppujen lopuksi kuitenkin – kuten Paavali sanoo jakeessa 2. Kor. 9:7 – jokaisen kristityn tulee antaa sen mukaan, mitä on sydämessään päättänyt antaa, Pyhän Hengen johdatuksessa ja sen mukaan kuin hänellä on varaa – 1. Kor. 16:2.

Väärät opettajat

Oli eittämättä olemassa vaara, että jotkut hengelliset johtajat väärinkäyttäisivät Paavalin opetusta "kaksinkertaisesta kunnioituksesta" ja painostaisivat uskovia antamaan suoraan itselleen. Uusi testamentti puhuu tästä vaarasta ja kutsuu tällaisia miehiä vääriksi opettajiksi – esimerkiksi kohdissa 1. Tim. 6:2–13 ja 2. Piet. 2:3.

Rikkaat kristityt

Jotkut uskovat ovat – Barnabaksen, Sakkeuksen sekä Marian ja Martan tavoin – vauraita. Jumala on siunannut heitä taloudellisesti.

Jakeet 1. Tim. 6:17–19 sisältävät Paavalin ohjeet tällaisille uskoville. Hän ei käske heitä antamaan kaikkia rahojaan pois ja tulemaan köyhiksi. Sen sijaan hän muistuttaa heitä heidän erityisestä vastuustaan olla anteliaita sekä siitä, mikä vaara vääränlaisiin rikkauksiin turvautumisessa piilee.

Ilmestyskirjan jakeissa 3:15–22 kerrotaan, että Laodikean seurakunta oli vauras ja että se tuomittiin siitä, että se turvasi vääränlaisiin rikkauksiin – ei siis siitä, että se oli vauras.

Antelias antaminen

Edellä havaittiin jo, että 2. Korinttolaiskirjeen luvuissa 8–9 opetetaan enemmän antamisesta kuin missään toisessa

Palvonta Hengessä ja totuudessa

Uuden testamentin kohdassa. Näissä tärkeissä luvuissa apostoli Paavali kehottaa Korintin uskovia antamaan yhtä runsaasti kuin Filippin uskovat ja kertoo kolme syytä sille, miksi korinttilaisten tulisi antaa suurella anteliaisuudella:

- ◆ todistaakseen, että heidän rakkautensa oli aitoa
- ◆ noudattaakseen Kristuksen esimerkkiä
- ◆ tuodakseen tasa-arvoa pyhien välille.

Paavali päättää nämä kaksi lukua antamisesta joukkoon tärkeitä pyyntöjä ja lupauksia (9:6–15). Ja mikä tärkeintä, hän lopettaa osoittamalla empaattisesti, että antamisemme tulisi olla kiitoslahja kaikesta, mitä Jumala on antanut, ja että se saa muun muassa aikaan entistä enemmän ylistystä, kiitosta ja palvontaa.

Osa 8

Iloitseminen ja palvonta

Sananlaskujen kirjan luvut 8 ja 9 ovat yksiä Raamatun merkittävimmistä profeetallisista luvuista. Kuten kirjassa *Palveleminen Hengessä* havaitaan, suurin osa Vanhan testamentin profeetoista puhuu *Jahven* sanaa ja julistaa *Jahven* ajatuksia. Sananlaskujen kirjan kohdissa 8:4–36 ja 9:4–12 puhutaan kuitenkin *Viisauden sanoista*.

Antamalla ymmärtää, että *Viisaus* on sekä "jumalallinen" että "Jumalasta erillinen" olento, Sananlaskujen kirjan jakeet 8:22–30 ovat yksi muutamista harvoista Vanhan testamentin kohdista, joiden mukaan Jumala on luonnoltaan "enemmän kuin Yksi". Tätä käsitellään tarkemmin kirjassa *Isän tunteminen*.

Kirjassa *Pojan tunteminen* havaitaan, että useimmat Vanhan testamentin profetiat puhuvat Messiaasta, Jumalan palvelijasta, Daavidin pojasta – eli Jeesuksesta. Sananlaskujen kirjan luvut 8–9 menevät kuitenkin tätä pidemmälle, sillä niissä on ilmoitettu Jeesuksen ennen ihmiseksituloaan lausumia sanoja. Näiden lukujen huolellinen tarkastelu osoittaa, että *Jumalan viisauden* sanat toistuvat hämmästyttävän samanlaisina ja täyttyvät *Jumalan Sanan* opetuksissa Johanneksen evankeliumissa.

Jakeet Sanan. 8:22–31 ovat Raamatun selvin kuvaus Jumalan toiminnasta ennen luomista. Jae 30 osoittaa, että "iloitseminen suhteessa olemisesta" oli Jumalan elämän ytimessä jo silloin, joten sen täytyy olla hänen elämänsä ytimessä myös nykyään ja ikuisesti – koska hän on aina johdonmukainen itsensä kanssa.

Jumala ei luonut maailmaa siksi, koska hänellä oli tylsää – hän loi sen, koska hän iloitsi suhteista, joita hänessä itsessään on. Luomakunnan monimuotoisuus, elämä ja kauneus ovat

Palvonta Hengessä ja totuudessa

vain yksinkertaisesti ilmenemismuotoja Jumalan ilosta itsessään ja itsensä kanssa tai merkkejä siitä, että tuo ilo on vuotanut ylitse.

Jakeessa 31 kerrotaan, että Jumala iloitsee uudessa maailmassa – ja tästä mielihyvästä todistaa myös 1. Mooseksen kirjassa usein toistuva huomautus, että Jumala piti kaikkea "hyvänä".

Herran ilo
Jumalallinen ilo on Jeesuksen elämän ytimessä. Luukkaan evankeliumin jakeessa 2:10 kerrotaan, että hänen tulonsa maailmaan oli suuri ilon tapahtuma. Jakeessa Luuk. 19:37 kerrotaan ihmisten ilosta, kun Jeesus tuli Jerusalemiin, ja jakeessa Joh. 15:11 Jeesus jättää ilonsa perinnöksi opetuslapsilleen valmistautuessaan jättämään maailman.

Voimakasta iloa ja iloitsemista voidaan havaita erityisesti Luukkaan evankeliumin kahden ensimmäisen luvun taustalla. Esimerkiksi:

- enkeli kertoo Sakariaalle, että monet iloitsevat tämän pojan syntymästä – 1:14
- enkelin ensimmäiset sanat Marialle ovat: "Iloitse!" – 1:28
- Elisabet ja hänen syntymätön lapsensa iloitsevat nähdessään Marian ja ymmärtäessään, ketä hän kantaa – 1:44
- Maria iloitsee – 1:47
- naapurit iloitsevat – 1:58
- Sakarias iloitsee – 1:64
- enkelit tuovat paimenille suuren ilosanoman – suuren ilon, joka oli määrä jakaa koko kansalle – 2:10
- taivaallinen sotajoukko iloitsee – 2:13
- paimenet iloitsevat – 2:20
- Hanna iloitsee – 2:38.

Iloitseminen ja palvonta

Riemuvuosi

Luukas käyttää tätä yleistä iloitsemisen ilmapiiriä valmistaakseen tietä Jeesuksen jakeiden Luuk. 4:18-19 ilmoitukselle – jota käsitellään kirjassa *Kadotettujen tavoittaminen*.

Monet tutkijat ovat vakuuttuneita siitä, että Jeesuksen "tehtäväjulistus" oli ilmoitus uuden riemuvuoden alkamisesta. Jakeessa 4:19 Jeesus toteaa, että hänet on voideltu Hengellä saarnaamaan "Herran otollista vuotta" (vrt. v. 1938 käännös). Tämä on "Herran mielisuosion vuosi" – vuosi, jonka Jumala on armossaan antanut osoitukseksi pelastuksestaan.

Kyseinen vuosi viittaa melko selvästi "riemuvuoteen", joka asetettiin 3. Mooseksen kirjan luvussa 25 (v. 1992 käännöksessä itse asiassa puhutaankin nimenomaan riemuvuodesta, suom. huom.). Riemuvuosi oli vapautumisen vuosi, jota vietettiin joka 50. vuosi. Pellot jätettiin silloin kesannolle, velat annettiin anteeksi, orjat vapautettiin ja kaikki omaisuus palautettiin alkuperäisille omistajilleen.

Jos se todella viittaa riemuvuoteen, myös "riemuvuosi" – kuten kaikki muutkin Vanhan testamentin juhlat, uhrit ja seremoniat – oli profeetallinen vertauskuva tai esikuva Jeesuksen pelastavan toiminnan todellisuudesta. Niin ihana kuin riemuvuosi olikin, se ainoastaan ilmaisi edeltä sen lopullisen ilon, jonka Jeesus ilmoitti ja täytti.

Riemuvuosi oli loputtoman iloitsemisen vuosi, jolloin juhlistettiin Jumalan anteliasta ja armontäyteistä huolenpitoa. Jae 3. Moos. 25:21 osoittaa, että ihmiset todella saattoivat tuon vuoden aikana luottaa siihen, että Jumala antoi, mitä he tarvitsivat. Ja juuri tälle, että ihmiset olivat vapaita kaikista huolista ja murheista, tuo vuoden kestävä riemuitseminen perustui.

Jos Jeesus kerran julisti, että hänet oli voideltu tuomaan tullessaan lopullinen riemuvuosi, pelastuksen aika on tarkoitettu nautittavaksi sellaisella lakkaamattomalla ilolla, joka perustuu Jumalan armontäyteiseen huolenpitoon.

Tulisi olla ilmeistä, että riemu, suuri ilo, on ainoa oikea tapa reagoida siihen, kun köyhät ja kärsivät kuulevat hyvän

Palvonta Hengessä ja totuudessa

sanoman, vangitut vapautetaan, sokeat saavat näkönsä ja sorretut pääsevät vapauteen.

On selvää, että ainaisen riemuvuoden konseptiin liittyy myös suuria sosiaalisia seuraamuksia, sillä emme voi vain yksinkertaisesti "hengellistää" tavanomaista yhteiskuntajärjestelmää paremman tasa-arvon aikaansaamiseksi.

Jeesuksen pelastus on tuonut anteeksiannon, parantumisen, vapautuksen ja tasa-arvon tavalla, joka ei ollut edes kuviteltavissa Vanhan testamentin riemuvuosina. Hänen pelastuksensa ei kuitenkaan ole poistanut Vanhan testamentin riemuvuosien sosiaalisia ulottuvuuksia. Sen sijaan se on täyttänyt ne ja tehnyt ne täydellisiksi sekä nostanut ne paljon korkeammalle tasolle.

Olipa meidän kuinka vaikeaa tahansa ymmärtää ja käsitellä pelastuksen "maailma"-ulottuvuuksia (joita käsitellään kirjassa *Isän tunteminen*), meidän ei pidä koskaan unohtaa, että Jeesus laittoi alulle ainaisen riemuvuoden. Jeesuksen mukaan pelastuksen aika, Hengen aika, seurakunnan aika, on tarkoitettu runsaan iloitsemisen ajaksi.

Jumala on tarkoittanut, että hänen kansansa olisi täynnä sitä samaa iloa, joka on hänen olemuksensa ytimessä. Hän haluaa meidän kokevan samaa iloa hänestä, jota hän kokee itsessään. Hän haluaa meidän kokevan samaa iloa toisistamme ja koko luomakunnasta, jota hän ilmaisi nähdessään alkuperäisen luomistyönsä. Ja hän haluaa meidän kokevan samaa iloa hänen Pojastaan ja tämän kirkastumisesta, jonka hän puki sanoiksi nähdessään Poikansa tämän kasteen ja kirkastumisen yhteydessä.

Edellä havaittiin, että se, miten vastaamme Jumalalle, tulisi määräytyä sen mukaan, mitä hän ilmoittaa meille – että me annamme koska hän antaa, palvelemme koska hän palvelee, uhraamme koska hän on uhrannut ja niin edelleen. Samalla tapaa vastauksemme siihen, kun hän ilmoittaa ilonsa ja riemunsa, tulisi olla elää Hengen ainaista riemuvuotta suurella ilolla.

Iloitseminen ja palvonta

Raamatullinen ilo
Raamatussa ilo on aina ominaisuus pikemmin kuin pelkkä tunne. Se perustuu Jumalaan, tulee häneltä ja on hänen kansansa ominaispiirre sekä esimakua siitä ilosta, että saamme olla ikuisesti Jumalan kanssa taivaan valtakunnassa. Tämä havaitaan esimerkiksi jakeista Ps. 16:11; Room. 15:13; Fil. 4:4; 1. Piet. 1:8 ja Ilm. 19:7.

Ilo Vanhassa testamentissa
Simchah ja *sameach* ovat tavallisimmat "iloa" ja "riemua" tarkoittavat heprean kielen sanat. Niitä ilmaistiin säännöllisten juhlien ja uhraamisten yhteydessä – 5. Moos. 12:6–7; 1. Sam. 18:6 ja 1. Kun. 1:39–40.

Simchah-iloa ei kuitenkaan ilmaistu ainoastaan etukäteen määriteltyjen tapahtumien yhteydessä, sillä Psalmien kirja osoittaa, että spontaani ilo oli osa sekä yhteistä että yksityistä palvontaa – esimerkiksi Ps. 4:7, 42:4, 43:4 ja 81:1.

Ilo on myös erityinen teema profeetta Jesajan kirjassa. Hän paljastaa, että se liittyy Jumalan pelastuksen täyteyteen ja että se tulee täydelliseksi ja täyttyy tulevaisuudessa – esimerkiksi Jes. 49:13 ja 61:10–11.

Ilo Uudessa testamentissa
Chara ja *chairo* taas ovat yleisimmät kreikan kielen "iloa" ja "riemua" tarkoittavat sanat. Ne viittaavat "voimakkaaseen iloon" ja liittyvät läheisesti sanaan *charis* – joka on kreikan kielen "armoa" tarkoittava sana.

Charan ja *chariksen* välisen suhteen täytyy tarkoittaa, että *chara*, inhimillinen ilo, on ainoa oikea vastaus *charikseen*, jumalalliseen armoon. Jakeissa Joh. 15:11 ja 16:22–24 selvitetään, että juuri Jeesus antaa tällaisen ilon ja että se on seurausta hänen armonsa kautta toteutuvasta syvästä yhteydestämme hänen kanssaan.

Jakeet Ap. t. 2:46, 8:8, 13:52 ja 15:3 osoittavat, että tällainen voimakas ilo oli alkuseurakunnan elämää leimaava piirre. Se näkyi esimerkiksi Hengen antamisen, Jeesuksen nimessä

Palvonta Hengessä ja totuudessa

tehtyjen ihmeiden, pakanoiden kääntymisen ja Herran aterian vieton yhteydessä.

Apostoli Paavali opettaa kirjeissään neljä perusasiaa *charasta*:

- ◆ kääntyminen ja uusien uskovien kristillinen kasvu ovat ilonaiheita – Fil. 2:2 ja 1. Tess. 2:19–20

- ◆ Kristuksen tähden kärsiminen voi johtaa iloon, sillä ilo on Herran aikaansaamaa, ei meidän – 2. Kor. 6:10 ja Kol. 1:24

- ◆ se on Pyhän Hengen dynaamista hedelmää – Gal. 5:22

- ◆ kaikki uskovat on kutsuttu olemaan osallisia Kristuksen ilosta olemalla yhteydessä häneen ja harjoittamalla iloitsemista tietoisina hänestä ja hänen pelastuksestaan – Fil. 3:1, 4:4 ja 1. Tess. 5:16.

Armoon perustuva voimakas ilo on niin perusasia Uudessa testamentissa, että meiltä saattaa helposti jäädä huomaamatta, kuinka moniin eri asioihin ja tilanteisiin iloitseminen liitetään. Kristittyjen uskovien kerrotaan esimerkiksi iloitsevan:

- ◆ Herrassa – Fil. 3:1 ja 4:4

- ◆ Jeesuksen ihmiseksitulosta – Luuk. 1:14

- ◆ hänen voimastaan – Luuk. 13:17

- ◆ siitä, että hän on Isän luona – Joh. 14:28

- ◆ siitä, että hän on heidän kanssaan – Joh. 16:22 ja 20:20

- ◆ hänen lopullisesta voitostaan – Joh. 8:56

- ◆ evankeliumin kuulemisesta – Ap. t. 13:48

- ◆ pelastuksestaan – Ap. t. 8:39

- ◆ Herran ottamisesta vastaan – Luuk. 19:6

- ◆ pääsystään taivaaseen – Luuk. 10:20

- ◆ vapaudestaan Kristuksessa – Ap. t. 15:31

Iloitseminen ja palvonta

- toivostaan – Room. 12:12
- palkastaan – Matt. 5:12
- muiden uskovien kuuliaisuudesta – Room. 16:19
- siitä, että Kristusta julistetaan – Fil. 1:18
- evankeliumin sadosta – Joh. 4:36
- kärsimisestä Kristuksen kanssa – Ap. t. 5:41
- kärsimisestä evankeliumin tähden – 2. Kor. 13:9
- kärsimisestä vainoissa – 2. Kor. 6:10
- armon ilmenemisestä – Ap. t. 11:23
- tapaamisista muiden uskovien kanssa – 1. Kor. 16:17
- huolenpidon osoituksista – Fil. 4:10
- muiden ilosta – Room. 12:15
- sen kuulemisesta, että muilla menee hyvin – 1. Tess. 3:6.

Kun tiedostamme tämän, kuinka laajasti voimakas ilo ja suuri riemu esiintyvät Uudessa testamentissa, alamme myös tunnistaa sitä iloitsevan riemun henkeä, joka ei aina ole kovin näkyvästi esillä kaikissa nykyseurakunnissa.

Emme kuitenkaan voi elää aidosti raamatullista elämää, jos antautuneen palvelemisemme ja hyvän oppimme piristyksenä ei ole Herran ilon aikaansaamia voimakkaan iloitsemisen hetkiä.

Ylistysuhri

Nehemian kirjan jae 8:10 on luultavasti kaikkein tunnetuin ilosta puhuva jae. Se osoittaa, että meissä oleva Jumalan ilo tekee meistä vahvoja. Ilman iloa ihmiset eivät kykene pysymään sinnikkäinä monissakaan asioissa. Voimme kyllä aloittaa lähes mitä tahansa oman tahtomme voimalla, mutta emme pysty jatkamaan vaikeuksien ja vastustuksen läpi, jos emme saa kokea tai jos emme voi odottaa kokevamme todellista iloa.

Palvonta Hengessä ja totuudessa

Tässä *Hengen miekka* -kirjasarjassa viitataan usein "evankeliumin kuuliaisuuteen" ja asetetaan se vastakkain sen kuuliaisuuden kanssa, jota Jumala vaati vanhan liiton alaisuudessa. Ilman iloa evankeliumin kuuliaisuudesta voi kuitenkin tulla eloton keino, joka ei juurikaan eroa juutalaisten fariseusten kuuliaisuudesta laille.

Sanojamme ja tekojamme tulisi leimata voimakas ilo ja suuri kiitollisuus, sillä sanojemme ja tekojemme tulisi olla vastaus Jumalan armontäyteiseen aloitteeseen. Puhumme ja teemme vain sitä, mitä kuulemme hänen sanovan, ja koska sanamme ja tekomme tulevat täysin itsensä kanssa johdonmukaiselta Jumalalta, ne tulevat kietoutuneina hänen iloonsa.

Kuinka löytää ilo

Vaikka voidaankin sanoa, että meidät on kutsuttu tottelemaan Jumalaa ilolla hänen armonsa tähden, voidaan myös sanoa, että ilo tulee armosta kuuliaisuuden kautta – että ilo on seurausta kuuliaisuudesta.

Jakeissa Luuk. 11:27–28 Jeesus esimerkiksi opetti, että ne, jotka elävät kuuliaisina Jumalan sanalle, ovat jopa siunatumpia kuin hänen äitinsä – se joka synnytti Messiaan.

Juuri tästä syystä Uusi testamentti peräänkuuluttaa ylistyksen uhraamista, josta täytyy maksaa hintaa. Ilo ei tule helpolla tavalla vain tiettyjä lauluja tietyllä tavalla laulamalla: ilo saadaan uhrautumisen kautta, evankeliumin kuuliaisuuden kautta.

Jeesuksen "autuaaksijulistuksia" (Matt. 5:3–12) käsitellään tarkemmin kirjassa *Jumalan hallintavalta*. Siinä havaitaan, että ne sisältävät hengellistä kasvua, joka huipentuu iloon ja suureen tyytyväisyyteen.

Useimmissa vanhemmissa raamatunkäännöksissä sana *makarios* on käännetty sanalla "siunattu" sen painottamiseksi, että se on Jumalalta tuleva ominaisuus. Nykyaikaisemmissa käännöksissä *makarios* on kuitenkin usein käännetty sanalla "onnellinen", sillä tuohon sanaan sisältyy alkuperäisen sanan ajatus "leveästä hymystä". (Kyseiset käännökset mukailevat tässä englanninkielisiä raamatunkäännöksiä. Suomenkielisissä käännöksissä kyseinen sana on käännetty sanalla "autuas". Suom. huom.)

Meidän tulee ottaa omaksemme molemmat näistä ajatuksista, sillä Jeesus sanoo kyseisessä kohdassa, että ihmiset saavat Jumalan *antaman* iloisen hymyn – ja sitä vastaavan sisäisen sydämen asenteen – kun he elävät Jumalan tavalla. Jeesus peräänkuuluttaa autuaaksijulistuksissa iloisen tyytyväisyyden tilaa ja osoittaa, että se on seurausta Jumalan sanan kuulemisesta *ja* sen tottelemisesta – siis evankeliumin kuuliaisuudesta.

Emme siis voi tuntea aitoa iloa, jos Jumala ei ole ensin muuttanut tapaamme suhtautua elämässä vastaantuleviin tavanomaisiin "vuorisaarna"-tyyppisiin tilanteisiin. Jos kerran jakeet Matt. 5:13–7:29 ovat joukko esimerkkejä siitä, mitä autuaaksijulistukset käytännössä tarkoittavat, ne ovat myös kuvaus iloa synnyttävästä elämästä.

Nykyjumalanpalveluksissa jotkut seurakuntien johtajat tuntuvat lähes kuin "pumppaavan" ihmisiin iloa, vaikka lähes mikään näiden ihmisten elämässä ei ole muuttunut – vaikka he eivät ole antaneet Jumalan murtautua päivittäisen elämänsä rutiineihin. Jumalallinen "hengessä ja totuudessa" tapahtuva iloitseminen voi kummuta ainoastaan elämästä, jonka Jumala on muuttanut ja jota hänen Pyhä Henkensä uudistaa.

Jatkuva iloitseminen
Filippiläiskirjeen jakeissa 4:4–20 apostoli Paavali opettaa iloitsemisesta.

◆ Hän ohjeistaa meitä aina iloitsemaan Herrassa – jae 4.

◆ Hän liittää iloitsemisen lempeyteen – jae 5.

◆ Hän esittelee iloitsemisen kaksi puolta: sen ettemme ole mistään huolissamme, ja sen että pyydämme asioita Jumalalta kiitoksella – jae 6.

◆ Hän määrittää, mitä seurausta iloitsemisella on:

Palvonta Hengessä ja totuudessa

Jumalan oma rauha varjelee sydämemme ja mielemme Kristuksessa Jeesuksessa – jae 7.

Tässä tärkeässä kohdassa Paavali opettaa, kuinka meidän on mahdollista lakkaamatta iloita – ja hänen ensimmäinen ohjeensa on olla "huolehtimatta mistään". Jeesus antoi pitkälti samankaltaisen neuvon jakeessa Matt. 6:25. Kyseinen ohje on selkeästi peruja 3. Mooseksen kirjan jakeen 25:21 lupauksesta, että Jumala pitää huolen, niin että vuoden kestävä riemuitseminen voi todella pohjautua sille, että ihmiset ovat vapaita kaikista huolista ja murheista.

Emme kykene iloitsemaan "hengessä ja totuudessa", jos emme ole ensin oppineet olemaan huolehtimatta mistään. Emmekä voi suhtautua huolettomasti asioihin, jos emme ensin ole oppineet täysin luottamaan Jumalaan.

Vanhassa testamentissa ihmisten ei yksinkertaisesti ollut mahdollista viettää riemuvuotta, elleivät he luottaneet syvällisesti Jumalan kykyyn ja haluun huolehtia kaikesta, mitä he tarvitsivat. Joten samoin tänä hengen ainaisen ilon aikana mekään emme kykene lakkaamatta iloitsemaan Herrassa, jos emme ensin täysin luota siihen, että Jumala antaa meille, mitä tarvitsemme.

Paavali ei kuitenkaan lopeta jakeeseen 7. Hän jatkaa opastamalla meitä ajattelemaan kaikkea, mikä on kunnioitettavaa, oikeaa, puhdasta, rakastettavaa, kaunista ja sellaista, mikä ansaitsee kiitoksen. Aivan kuten Jumala iloitsi luomistyöstänsä ja mielistyi siihen, samoin meidän tulisi elämässä keskittyä kaikkeen sellaiseen, mikä on hyvää. Tämä on toinen Jumalan ilmoittama tapa löytää ilo Herrassa.

Liian monet uskovat ajattelevat, että he voivat saada ilon vain rukoilemalla ja laulamalla. Nämä ovat kuitenkin tapoja ilmaista iloa – eivät niinkään tapoja löytää ilo. Saamme tuntea todellista iloa vain sillä, että luotamme Jumalaan täysin ja täytämme elämämme Jumalan luomakunnan yksinkertaisilla ja kauniilla asioilla. Tämä lupaus on ehdoton.

Tästä syystä ylistys on uhri ja palvonta on palvelemista. Tahtomme liittyy syvällisesti evankeliumin kuuliaisuuteen,

Iloitseminen ja palvonta

Jumalan luottamiseen täysin ja siihen, että ajattelemme kunnioitettavia ja kauniita asioita. Se on tietoisesti valittu tapa ajatella ja toimia – mutta se ei tapahdu omien ponnisteluidemme tuloksena.

Kuten läpi tämän kirjasarjan kaikkien Henkeen liittyvien asioiden kohdalla havaitaan, kun vastaamme Isän armontäyteiseen aloitteeseen uskolla, hänen parantava kosketuksensa pääsee elämämme syvimpiin sopukoihin kasvattamaan uskoamme ja vahvistamaan luottamustamme – ja ilo Herrassa ja Herralta on väistämätöntä seurausta juuri tästä.

Ilon ilmaiseminen
Jeesus iloitsi niin täysin elämästä, että hänen aikansa uskonnolliset johtajat syyttivät häntä suursyömäriksi ja juopoksi. Jumalan seurakunnassa on valitettavasti aina ollut ihmisiä, joille on tärkeämpää se, mitä he itse kutsuvat "kunnioitukseksi", kuin se, mitä Raamattu kutsuu iloitsemiseksi.

Kristuksen "huolettomien" seuraajien tulisi aina olla niitä ihmisiä, jotka ovat kaikkein eniten elossa, kaikkein kiinnostuneimpia asioista ja kaikkein innostavimpia. Iloitseminen tuo palvelemiseemme juhlan tuntua, ja tämä tekee meistä aidosti ehjiä ihmisiä, jotka todella elävät iloitsevan, jalkoja pesevän Jumalansa kuvan kaltaisina.

Osissa 3 ja 4 havaittiin, että Vanhassa testamentissa Jumalan kansa ylisti Jumalaa musiikilla ja hymneillä, huudoilla ja tanssimalla, kuorolaululla ja profeetallisilla lauluilla, juhlilla ja juhlinnalla, antamalla ja osoittamalla vieraanvaraisuutta sekä temppelissä ja kodeissa.

Meillä on paljon opittavaa näiden ihmisten monitahoisesta tavasta ylistää. Meidän tulee kuitenkin tunnistaa, että nämä ovat esimerkkejä iloitsemisesta – eivät Raamatun vaatimia tapoja ylistää. Osassa 9 tarkastellaan luovien ilmaisukeinojen käyttöä palvonnassa, mihin voidaan sisällyttää kaikenlaiset inhimilliset tunteet ja käytännöllisesti katsoen kaikenlaiset luovat taiteet.

Palvonta Hengessä ja totuudessa

Meidän tulee oppia Pietarin tavoin (Ap. t. 10), että mikään, mikä tulee Jumalan armontäyteisistä käsistä, ei ole epäpuhdasta. Lisäksi meidän tulee ymmärtää, että meillä on täysi vapaus juhlistaa Jumalan armoa ja hyvyyttä kaikenlaisilla taidemuodoilla ja kaikenlaisella tekemisellä, olemuksemme jokaisella puolella ja juuri niillä tavoilla, jotka soveltuvat erityisen hyvin omaan aikaamme ja kulttuuriimme.

Vaikka emme pysty synnyttämään spontaania iloa, voimme tehdä säännöllisistä perhetapahtumista – kuten vaikka syntymäpäivistä – erityisiä juhlahetkiä. Ja vaikka satokauden vaiheisiin perustuvat juhlat – kuten kanttaanpyhät tai sadonkorjuu – eivät ole merkityksellisiä kaupunkiseurakuntien näkökulmasta, voimme hyödyntää oman kulttuurimme juhlia luovasti tilaisuuksina kokea aitoa juhlantuntua.

Sen sijaan että esimerkiksi valitamme halloweenista, voimme sen aikaan täyttää seurakuntamme ja kotimme valoilla ja juhlia Kristuksen voittoa pimeydestä. Ja koska loka-/marraskuun vaihteessa vietettävänä pyhäinpäivänä muistellaan perinteisesti ennen meitä menneitä pyhiä, voimme silloin juhlistaa niiden uskovien elämää, joita Jumala on suurella tavalla käyttänyt omassa seurakunnassamme tai kirkkokunnassamme ja kertoa heidän tarinaansa uusille uskovien sukupolville.

Voimme ottaa jälleen omaksemme tärkeät kristilliset juhlat, kuten joulun, pääsiäisen, helatorstain ja helluntain, ja tehdä niistä erityisiä jumalallisen juhlinnan hetkiä. Voimme kehitellä erityisiä tilaisuuksia, joissa juhlistamme Kristuksen paluuta, Raamattua, merten takana tehtävää lähetystyötä tai sitä työtä, jota Jumalan tekee eri osissa omaa maatamme. Ja ne, jotka elävät monikulttuurisissa yhteisöissä, voivat oppia nauttimaan muiden kulttuurien ruoista, musiikista, tanssista ja taidemuodoista.

Jumalan kansalla oli Vanhassa testamentissa ainakin seitsemän suurta juhlaa joka vuosi, ja osa näistä juhlista kesti useita päiviä. Kuten edellä havaittiin, kaikki nämä juhlat keskittyivät johonkin eri puoleen siitä, miten Jumala oli toiminut

Iloitseminen ja palvonta

kansansa suhteen, ja jokainen niistä oli juhla-aterioiden ja iloitsemisen, musiikin ja huutamisen, parannuksen tekemisen ja uuden sitoutumisen sekä aidosti yhteisöllisen elämän aikaa.

Mutta mikä tärkeintä, Vanhan testamentin juhlat mahdollistivat sen, että Jumalan kansa saattoi irtautua kotielämästään ja ymmärtää ja kokea sitä, että he ovat yksi kansa.

Näihin tapahtumiin liittyy jumalallinen periaate: vaikka meidät Kristuksessa onkin lunastettu Vanhan testamentin sapattia koskevista säännöistä, meidän tulee silti elää syvemmän sapattiperiaatteen mukaisesti ja levätä säännöllisesti työstämme. Ja samalla tapaa vaikka Kristus oli kaikkien Vanhan testamentin juhlien täyttymys, meidän täytyy silti raivata omassa elämässämme tilaa juhlille, jotta voimme ymmärtää sitä ja nauttia siitä, että seurakunta on yksi kansa, yksi Kristuksen ruumis.

Ilo Herrassa on voimamme, ja juhlatapahtumat antavat meille virtaa, joka auttaa meitä jaksamaan myös vuoden arkisempia ajanjaksoja. Tämä on Jumalan elämänmalli, sillä hän on luonut maailman, joka on täynnä erilaisia ajanjaksoja: lämpimiä ja kylmiä aikoja, horrostilan ja kasvun aikoja, kukoistuksen ja sadonkorjuun aikoja, päiviä ja öitä ja niin edelleen.

Herrassa iloitseminen antaa meille voiman palvella muita, se antaa meille innoituksen palvoa häntä elämämme arkisissa asioissa ja se varustaa meidät ilolla antaa anteliaasti tarvitseville ihmisille ja Jumalan työhön.

Kun alamme täyttää elämäämme jumalallisella palvelemisella, jumalallisella antamisella ja jumalallisella iloitsemisella, olemme ihmisiä, jotka alkavat olla niitä palvojia, joita Isä etsii – silloin palvomme häntä hengessä ja totuudessa.

Osa 9

Palvonta ja luovuus

Läpi tämän kirjan on painotettu, että todellinen palvonta on palvontaa hengessä ja totuudessa. Isä etsii niitä, jotka haluavat palvoa häntä vilpittömin sydämin – Pyhän Hengen valtuuttamina ja tietoisina Jumalan Sanan ilmoituksesta. Osissa 2 ja 5 havaittiin, että palvonta on enemmän kuin vain yhteisiin palvontahetkiin kuuluvat muodolliset yhteiset teot. Palvonta liittyy koko Jumalan edessä elettävään elämään. Yhteinen palvonta on teennäistä ja tyhjää, jos se ei ole ylitsevuotavaa seurausta elämästä, jota eletään Jumalan läsnäolossa palvomalla henkilökohtaisesti ja elämällä vanhurskaasti maailmassa. Aidosti Hengen täyttämä elämä ei ainoastaan näy ilontäyteisenä palvontana, josta Paavali kertoo Efesolaiskirjeen jakeissa 5:18–21, vaan se saa myös aikaan Hengen täyttämää elämistä avioliitossa, kotona, perheen keskuudessa ja työpaikalla, kuten Paavali selittää Efesolaiskirjeen jakeissa 5:22–6:9.

Jakeissa Matt. 15:8 ja Mark. 7:6 Jeesus soveltaa Jesajan kirjan jakeen 29:13 profetiaa sisällöltään tyhjään palvontaan, jollainen oli hänen aikanaan huomattavan yleistä. Kaikki palvonnan ulkoiset ilmenemismuodot, jotka eivät ole aitoja sydämen ilmauksia, ovat sisällöltään tyhjiä ja loukkaavat Jumalaa. Palvonta on silti pohjimmiltaan juurikin asioiden ilmaisemista jossakin ulkoisessa muodossa, erityisesti ihailun, tunnustamisen, synnintunnon, kiitoksen, pyytämisen, ylistyksen ja ilon muodossa. Sanat eivät kuitenkaan ole ainoa tapa kommunikoida Jumalan kanssa tai ilmaista palvontaamme. Myös fyysiset teot, kuten antaminen ja palveleminen, ovat kiistatta osa palvontaa. Itse asiassa, kuten Paavali sanoo jakeissa Room. 12:1–2, Jumala kutsuu meitä

Palvonta Hengessä ja totuudessa

antamaan koko ruumiimme eläväksi uhriksi, kun haluamme palvoa Jumalaa. Tämä on ainoa oikea ja järkevä vastaus hänen armoonsa ja laupeuteensa, joita hän osoittaa elämässämme. Palvonta on sekä fyysistä että hengellistä. Jakeet 1. Kor. 6:19–20 osoittavat, että meidät on kutsuttu kirkastamaan Jumalaa niin ruumillamme kuin hengellämme. Uskovina meidän koko persoonallisuutemme (joka koostuu fyysisestä puolesta, tunnepuolesta, älyllisestä puolesta ja tahdonalaisesta puolesta) tulee Pyhän Hengen hallinnan alle, ja meidän tulisikin palvoessamme kommunikoida Isän kanssa kaikkien näiden ihmisyytemme puolten kautta. Jokainen Jumalan meille antama kyky, koko hänen ihmisluomuksensa, on tarkoitettu yksinomaan hänen kirkastamistaan varten. Jokainen jumalallinen taiteellinen ilmaisumuoto on syntynyt siitä, kun Jumala on lähestynyt meitä ja me olemme vastanneet hänelle. Lisäksi ne ovat seurausta siitä, kun Henki vetää muita ihmisiä Kristuksen luo jollakin luovalla tavalla.

Luovuuden lahja

Ihmiset on luotu Jumalan kuvaksi. Tämä tarkoittaa, että meillä on suppealla ja rajallisella tavalla samat kyvyt kuin Jumalalla. Me olemme älyllisiä olentoja, jotka ovat kykeneviä ajattelemaan, valitsemaan, tuntemaan ja ilmaisemaan itseään puheella ja fyysisillä teoilla. Ihmisyytemme arvo perustuu siihen, millaiseksi Jumala meidät loi ja millaiseksi meidät on kutsuttu hänen edessään olemaan. Meidät on luotu palvomaan ja kirkastamaan Jumalaa, ja juuri tämän vuoksi meidän tulee kaikin voimin ja kaikilla lahjoillamme ja kyvyillämme kunnioittaa hänen nimeään tässä maailmassa ja suhteessamme hänen kanssaan.

Ihmiset ovat synnynnäisesti luovia, ja tämä luovuus on Jumalan antama lahja. Se on sellaisen Jumalan kaltaisen kyvyn ilmenemistä, jonka hän on meille antanut. Jumala luo asioita tyhjästä, kuten jakeet 1. Moos. 1:1, Joh. 1:1–3 ja Hepr. 11:3 opettavat. Olemassa oleva maailmankaikkeus tuli Sanan kautta, joka on Kristus, ja tuo sama luova voima myös pitää

Palvonta ja luovuus

sitä koossa. Tämän tekee selväksi Kolossalaiskirjeen kohta 1:15-17, jossa lisäksi selvennetään, että koko luomakunta vahvistaa Kristuksen ylemmyyden ja on olemassa hänen kirkastamisekseen. Tämä tarkoittaa, että meidän tulee luovuudellamme ylistää Jumalan suuruutta ja herruutta. Luovuus on yksi tärkeimmistä ja arvokkaimmista inhimillisistä kyvyistä. Olemme kaikkein eniten Jumalan kaltaisia juuri silloin, kun olemme luovia. Toisin kuin Jumala, me emme luo tyhjästä, mutta me voimme astua hänen luovuutensa todellisuuteen ja antaa ilmaisumuodon hänen meissä olevalle luovalle potentiaalilleen. Joka ikinen keksintö ja joka ikinen kehitysaskel, jonka ihmiskunta ottaa tieteellisten saavutusten, tutkimuksen, tiedon ja taiteiden saralla, on sen luovuuden ilmenemistä, jonka hän on meille antanut.

Surullista tässä on se, että me – langenneina ihmisinä – pyrimme usein luovuudellamme anastamaan Jumalan hallintavallan. Käytämme väärin luovaa kykyämme aina, kun tuotamme Jumalalle häpeää sen sijaan että kirkastaisimme häntä. Tällaisella on myös tuhoisia seurauksia: ydinfysiikka tuottaa pommeja, joiden on tarkoitus tuhota muita ihmisiä, lääketieteelliset edistysaskeleet johtavat siihen, että ihmiset alkavat "leikkiä Jumalaa" ihmisten perimään liittyvissä asioissa, ja taiteesta tulee tärkein keino ilmaista langennutta luontoa, eikä se siis enää kirkasta Jumalan nimeä. Uusina luomuksina Kristuksessa Jeesuksessa meidän tulee mitä suurimmassa määrin olla huolissamme näistä luovuuden väärinkäytöksistä, ja Jumalan palvojina meidän tulee yhteistyössä Isän kanssa toimia sen eteen, että kaikki nämä luovuuden puolet palautetaan siihen alkuperäiseen suunnitelmaan, joka Jumalalla niitä varten oli. Tähän sisältyy myös sen eteen toimiminen, että taiteesta tulee Jumalan kirkkauden välikappale tässä maailmassa ja että luovuus tuodaan kristittyjen henkilökohtaiseen ja yhteisölliseen elämään.

Palvonta Hengessä ja totuudessa

Taide yhteiskunnassa

Taide, kaikissa muodoissaan, on ollut osa yhteiskuntaa aivan aikojen alusta nykyaikaan saakka. Alkukantaisilla yhteiskunnilla oli luolamaalauksensa, ja niihin kuuluvat ihmiset kertoivat heimonsa tarinoita laulujen, kertomusten, runouden ja musiikin välityksellä. Keskiaikainen yhteiskunta kertoi taiteen avulla uskonnollisia tarinoita maalauksissa, freskoissa ja lasimaalauksissa. Kirjoitustaidottomissa yhteiskunnissa luotettiin tällaisiin keinoihin, kun haluttiin tavoittaa suuria ihmisjoukkoja. Kirkko on ollut taiteen suojelija monilla aikakausilla. Voitaisiin myös esimerkiksi nostaa esiin sellaiset suuret mestarit kuin Leonardo da Vinci, Michelangelo ja Rembrandt. Lisäksi on ollut suuria säveltäjiä, kuten Händel, joka sävelsi *Messias-oratorionsa* vain muutamassa lyhyessä viikossa mutta jossa voidaan nähdä jumalallista innoitusta. Suuret runoilijat ovat tarjonneet taiteellisia tulkintoja Raamatun totuuksista, kuten Milton teoksessaan *Kadotettu paratiisi*. Arkkitehdit ovat rakentaneet upeita kirkkoja ja katedraaleja Jumalan kunniaksi. Itse asiassa lähes jokaista taiteen osa-aluetta on jossakin vaiheessa käytetty heijastamaan Jumalan kirkkautta maailmaan.

Jopa sellaiset taitelijat, jotka eivät tietoisesti usko Jumalaan, heijastavat jotakin Jumalan hyvyydestä, kun he omistautuvat lahjoilleen ja tuottavat taiteellisesti nerokasta musiikkia tai nerokkaita teoksia. Tällaiset taiteilijat ovat aikojen saatossa rikastuttaneet miljardien ihmisten kulttuurillista ja esteettistä elämää. Taiteessa on kyse näkemyksestä. Se on kyky havaita ja välittää näitä huomioita elämästä ja todellisuudesta muille ihmisille tietyn taidemuodon välityksellä. Esimerkiksi Charles Dickensin romaanit, kuten *Oliver Twist*, herättelivät sosiaalista omaatuntoa viktoriaanisessa Britanniassa ja auttoivat saamaan aikaan köyhien asemaa helpottavia muutoksia lakeihin. Tämä "profeetallinen" puoli on havaittavissa lähes jokaisessa taiteen historian aikakaudessa. Nykyään elokuvat ovat oman aikansa vertauskuvia, ja usein niissä käsitelläänkin todellisia elämään ja elämiseen liittyviä haasteita, kysellään

Palvonta ja luovuus

syväluotaavia kysymyksiä ja joskus jopa paljastetaan sillä hetkellä hyväksyttyihin arvoihin liittyviä heikkouksia.

Kaikki tämä tarjoaa kurkistuksen siihen, mitä taide voi olla. Onkin erittäin surullista, jos Jumalaa ei tunnusteta taiteellisten lahjojen lähteeksi ja jos taitelijat käyttävät lahjojaan vain itsensä kirkastamiseen tai tarkoituksiin, jotka ovat Jumalan suunnitelmien vastaisia. Taide on tehokas viestintäkeino, ja sitä voidaan käyttää niin pahaan kuin hyvään. Hallitukset ja muut, jotka pyrkivät hallitsemaan yhteiskuntaa, käyttävät taidetta usein propagandaan. Taiteen voima on siinä, että se ilmaisee sellaista, mitä ei voida tiivistää koruttomaan tosiasioiden luetteloon. Se välittää tunteita ja ilmaisee abstrakteja asioita tavalla, jolla pelkkä tietojen mekaaninen kertominen ei koskaan voi tehdä.

Ei olekaan siis ihme, että paholainen käyttää taiteita omien tarkoitusperiensä edistämiseen. Taide on joutunut valheen isän turmelemaksi ja vangitsemaksi, ja hän levittää synnin ja epätoivon sanomaansa sellaisten taidemuotojen kuin musiikin, kirjallisuuden ja elokuvien kautta. Kristittyjen on korkea aika ottaa paikkansa tässä taiteiden maailmassa ja palauttaa taide sen todelliseen ja alkuperäiseen tarkoitukseen, joka on innoittaa, valaista ja provosoida tuomalla usein epämukavalta tuntuva totuus tunteisiin vetoavalla tavalla esiin.

Kaksi testamenttia, yksi Raamattu

Läpi tämän *Hengen miekka* -kirjasarjan tuodaan toistuvasti esiin sitä, että jokainen Uuden testamentin opetus pohjautuu Vanhalle testamentille. Tässä kirjasarjassa on pyritty kaikin keinoin osoittamaan, että Kristuksen jokaisen opin juuret ovat Vanhan testamentin ilmoituksessa. Tämän kirjan osassa 5 osoitettiin, että osissa 3 ja 4 selvitetyt Vanhan testamentin palvontaa koskevat periaatteet ovat perusta Uuden testamentin palvonnalle. On kuitenkin myös selvää, että vanhatestamentillisen palvonnan kaavat ja muodot eroavat radikaalisti siitä, mitä sellainen palvonta hengessä ja totuudessa on, josta Jeesus puhuu Johanneksen evankeliumin

Palvonta Hengessä ja totuudessa

luvussa 4. Nykyään ei enää ole erityisiä ihmisiä, paikkoja, vaatteita tai esineitä, jotka olisivat muita pyhempiä, ja meidän tuleekin välttää kaikkea sellaista palvontaa, joka perustuu tällaisille vanhatestamentillisille palvonnan muodoille. Emme tarvitse pappeja, temppeleitä, erityisiä vaatteita, uskonnollisia rituaaleja, seremonioita, uhreja, pyhiä juhlia, erityisiä ruokia tai tietynlaisia jumalanpalveluksia voidaksemme palvoa Jumalaa. Palvomme Hengessä, emmekä luota lihaan, kuten Paavali sanoo Filippiläiskirjeen jakeessa 3:3 (vrt. v. 1938 käännös). Sen sijaan että jäljittelisimme palvonnassamme vanhentuneita vanhatestamentillisia "lihallisen palvonnan" malleja, meidän tulee ottaa Vanhan testamentin toimintamallien perustana olevat hengelliset periaatteet ja soveltaa niitä Hengen antamalla luovuudella elämäämme.

Jumalan seurakunta on useina eri aikoina historian kuluessa mennyt harhaan siinä, että se on määrittänyt tiettyjen ihmisten (papit) olevan erityinen ihmisjoukko, jonka tulee tehdä erityisiä tekoja (esim. leivän ja viinin pyhittäminen) ja jolla sanotaan olevan erityisiä valtuuksia (esim. valta antaa synninpäästö). Nämä palvonnan mallit perustuvat vanhatestamentillisen palvonnan väistyville varjoille. Kuten jakeet Kol. 2:17 sekä Hepr. 8:5 ja 10:1 osoittavat, nämä varjot viittaavat Kristuksen olemukseen, ja kun todellisuus on tullut läsnäolevaksi, vanhat palvonnan muodot syrjäytyvät ja ne korvautuvat uusilla. Palvonta hengessä ja totuudessa tarkoittaa sitä, että palvomme Hengessä ja hylkäämme ne fyysisen palvonnan ulkoiset muodot, joita tarvittiin Vanhassa testamentissa. Niillä oli paikkansa Jumalan suunnitelmassa, kun vasta valmistauduttiin Kristuksen tulemiseen, mutta nyt me kaikki voimme lähestyä Isää Hengessä ja palvoa häntä uudistetun sydämemme todellisuudessa.

Tämä on saanut jotkut kristilliset johtajat hylkäämään käytännössä kaikki luovan ilmaisun muodot yhteisöllisestä palvonnasta, sillä heidän mukaansa tällaiset ulkoiset ilmaisutavat, kuten käsien taputtaminen, tanssiminen ja draama, eivät löydy Uuden testamentin opetuksesta

Palvonta ja luovuus

palvonnasta. He huomauttavat, ettei Uudesta testamentista löydy esimerkkejä tanssin, draaman tai muiden visuaalisten tai esittävien taiteiden käytöstä palvonnassa. Jotkut ovat menneet niinkin pitkälle päätelmissään, että heidän mukaansa se, ettei Uudesta testamentista löydy esimerkkejä soittimien käytöstä palvonnassa, osoittaa, että Jumala on nyt kieltänyt ne kokonaan. Toiset jopa kieltävät ihmisten säveltämien hengellisten laulujen käytön ja väittävät, että Jumalaa voidaan palvoa oikein vain käyttämällä psalmien sanoja. Oletettavasti tällaiset ihmiset eivät kuitenkaan käytä sellaisia psalmeja kuin vaikka psalmi 150, jossa nimenomaan käsketään ylistämään Jumalaa rumpua lyöden ja tanssien!

Kaikki tällainen kieltää kuitenkin palvovilta kristityiltä yhden perustavanlaatuisimmista ja ihanimmista Jumalan antamista inhimillisistä kyvyistä, nimittäin kyvyn olla luova. Hengen täyttämä luovuus on yksi luonnollisimmista ja hyväksyttävimmistä tavoista ilmaista palvontaamme ja rakkauttamme Jumalaa kohtaan. Isä-Jumala loi maailman Poika-Jumalan kautta Henki-Jumalassa. Tämä kolminaisuus iloitsee aivan varmasti siitä, jos palvomme häntä kaikilla luovan ilmaisun lahjoillamme. Vaikka tiettyjä asioita ei ole säädetty tai muotoiltu Uudessa testamentissa, se ei tarkoita sitä, että Jumala olisi kieltänyt ne. Pikemminkin se tarkoittaa sitä, että meillä on vapaus toimia Hengen johdatuksessa Raamatun asettamissa rajoissa, kun ilmaisemme palvontaamme hänen ohjaamallaan tavalla. Uudessa testamentissa ei määrätä mitään yksittäistä tai tiettyä tapaa palvoa. Eri tavat palvoa saattavat vaihdella ajasta ja paikasta riippuen sekä erilaisten kulttuuristen seikkojen mukaan. Vaikka emme noudata Vanhan testamentin palvontaa koskevia sääntöjä, voimme oppia Vanhasta testamentista uusitestamentilliset ilon, ylistyksen ja luovuuden periaatteet. Testamentteja on kaksi, mutta Raamattuja vain yksi! Joten varmastikin sama Henki, joka täytti Besalelin ja antoi tälle luovan kyvyn valmistaa esineitä Mooseksen pyhäkkötelttaan, voi täyttää meidätkin luovuudella, niin että me voimme palvoa Jumalaa omana

Palvonta Hengessä ja totuudessa

aikanamme koko olemuksellamme ja kaikilla kyvyillämme ja lahjoillamme. Jakeet 2. Moos. 31:1-6 osoittavat, että Besalelilla ei ainoastaan ollut erityistä taiteellista kykyä, vaan että Jumala antoi hänelle myös kyvyn välittää tuon kyvyn muille. Taiteilla on siis selvästikin paikkansa Jumalan suunnitelmissa – sekä yleisellä tasolla että nimenomaan palvonnassa.

Taiteet seurakunnan elämässä

Raamattu on pohjimmiltaan Jumalan Sana ihmiskunnalle. Raamattu on kuitenkin myös kokoelma teoksia, joiden voidaan ajatella edustavan luovaa kirjoittamista. Jumala käytti taiteellista näkökykyä omaavia miehiä "näkemään" maailman omien silmiensä kautta ja välittämään tuon ilmoituksen Jumalan kansalle ja koko maailmalle tulkitsemalla ja esittämällä luovasti Jumalan totuuden. Jumala käytti sekä runoilijoita että kalastajia, muusikoita että hallitsijoita, näytelmäkirjailijoita että paimenia. Osa profeettojen teoksista jopa edustaa taidetta sen korkeimmassa muodossa: ei nimittäin pidä unohtaa Jesajan ylevää runoutta, Laulujen laulun romantiikkaa, Hesekielin esittämää pantomiimia tai tapahtumia Hoosean elämässä, jonka rakkauden ja paatoksen täyteinen elämä oli täynnä näyteltyjä vertauskuvia, jotka oli tarkoitettu kaikkien nähtäviksi. Raamattu todellakin kertoo luovasta Jumala.

Kuten edellä havaittiin, Jumalan luovuus synnytti vanhan luomakunnan, mutta hän käyttää luovaa voimaansa myös synnyttääkseen meidät uudesti Kristuksessa. Me olemme Jumalan taideteos Kristuksessa. Efesolaiskirjeen jae 2:10 kertoo tästä Jumalan luovasta työstä uudessa luomuksessa. Paavali sanoo, että me olemme Jumalan "tekoa", hänen "luova ilmaisunsa" Kristuksessa. Kyseisessä jakeessa on käytetty sanaa *poiema*, josta myös englannin kielen sana "poem", runo, on johdettu. Tästä syystä voimmekin olla varmoja siitä, että Jumala haluaa meidän käyttävän seurakunnassa taiteita tehokkaana keinona kommunikoida hänen kanssaan ja muiden ihmisten kanssa. Palvonnan tulisi sisältää kaikki

Palvonta ja luovuus

luovuuden ilmenemismuodot, jotka meillä on Pyhän Hengen alaisuudessa käytettävissä.

Taiteiden käyttö palvonnassa
Taiteessa on kyse luovasta mielikuvituksesta. Luovan pohdinnan ja ajattelun myötä hengelliset totuudet muuttuvat eläviksi, todellisiksi ja käsin kosketeltaviksi. Konkreettiset taiteelliset ilmaisukeinot tekevät hengellisistä totuuksista henkilökohtaisia, ajankohtaisia, ymmärrettäviä, helposti omaksuttavia ja puoleensa vetäviä. Jeesuskin käytti opetuksissaan taiteellisia periaatteita piirtämällä ihmisten mieliin eläviä ja helposti muistettavia kuvia ja keksimällä luovasti tarinoita, joissa todenmukaiset hahmot esittivät konkreettisia jokapäiväisiä tilanteita ja joiden avulla hän kiinnitti seuraajansa Jumalan valtakunnan totuuksiin. Taide voi tehdä palvonnastamme myös kaikin puolin kauniimpaa ja ajankohtaisempaa. Se voi auttaa meitä palvomaan Jumalaa suuremmalla palolla ja merkityksellisemmällä tavalla, sillä palvonnassa käytetyt taidemuodot auttavat meitä suhtautumaan Jumalaan elävämmällä ja konkreettisemmalla tavalla, mikä taas auttaa meitä ilmaisemaan sellaista, mikä voisi muuten olla vaikeammin ilmaistavissa.

On olemassa lähes loputon määrä tapoja, joilla taiteelliset keinot voivat olla merkityksellinen osa palvontakokemustamme:

Musiikki
Musiikin kauneus on siinä, että se on "yleismaailmallinen kieli", joka auttaa ilmaisemaan aivan kaikenlaisia inhimillisiä tunteita, kuten iloa, surua, rauhaa, levollisuutta ja rakkautta.

Laulaminen
Laulujen tekijöillä on kyky käyttää kieltä ideoiden, ajatusten ja tunteiden ilmaisemiseen sellaisten sanojen muodossa, jotka voivat sanoittaa ihmissydämen syvimpiä sopukoita.

Palvonta Hengessä ja totuudessa

Maalaaminen

Onnistuneet maalaukset vangitsevat ihmissydämen konsepteja ja teemoja konkreettiseen muotoon. Kuvat puhuvat kovempaa ja usein vaikuttavammin kuin arkipäiväinen kieli ja avaavat sen, mikä on Jumalan ilmoituksen ytimessä. Lahjakkaat puhujatkin käyttävät havainnollista kieltä ja kuvakieltä totuuden kertomiseen, ja kuvataiteet vievät tämän aivan uudelle tasolle.

Tanssi

Ihmisen keho on Jumalan antama lahja, ja se sopii erittäin hyvin ilmaisemaan palvontaa Jumalalle. Fyysinen liike ja asennon muuttaminen (kuten polvistuminen tai käsien kohottaminen) ovat kaikki luonnollisia ja merkityksellisiä tapoja ilmaista omaa sisäistä maailmaa mitä erilaisimmissa asiayhteyksissä. Tanssi voi ottaa tämän kyvyn ja kehittää siitä voimallisen ilmaisumuodon palvonnalle ja profeetalliselle julistukselle.

Draama

Tilanteiden, mahdollisten tilanteiden ja tarinoiden näytteleminen rakentaa viestinnän sillan näyttelijöiden ja heidän yleisönsä välille. Draama voi lisätä merkityksellisen ulottuvuuden palvontaan, sillä ihmiset voivat nähdä itsensä kyseisessä näytelmässä ja tämän havainnon myötä vastata Jumalalle aiempaa syvemmällä tavalla.

Runous

Hyvä runous tuo mieleen kuvia ja välittää ideoita, ajatuksia ja tunteita kehittyneellä ja tyylitellyllä tavalla. Runolliset ilmaukset voivat olla monisyisiä ja valaisevia. Palvonta rikastuu, kun järjelliset ja arkiset seikat saavat uusia merkityksiä ja tekevät Jumalan läsnäolon ja toiminnan näkyviksi meille tässä maailmassa.

Arkkitehtuuri

Arkkitehtuuri voi auttaa luomaan puitteet merkitykselliselle

Palvonta ja luovuus

palvontakokemukselle. Juutalaiset synagogat oli suunniteltu niin, että niissä oli kaiken arkisen kiireen ja hälinän keskellä oleva piha sekä pääalue, joka oli tarkoitettu palvontaan ja Sanan opetukseen. Tämän ansiosta ihmisten oli mahdollista jättää arkisen elämän asiat huolineen ja häiriötekijöineen taakseen. Lisäksi se auttoi heitä valmistautumaan Jumalaan keskittymiseen. Hyvin suunnitellut kirkkorakennukset auttavat tarjoamaan tilan, joka tekee palvonnasta helpompaa. Joskus tämä tarkoittaa sitä, että tarvitaan suuri tila, josta tehdään vielä parempi oikeanlaisella valaistuksella ja sisustuksella, jotka nostavat ihmisten silmät ja niiden myötä myös heidän henkensä kohti Jumalaa.

Elokuvat ja videot
Elokuvat ja videot ovat tämän ajan vertauksia. Videoissa käytetty tekniikka voi viedä ihmiset aivan kuin toiseen maailmaan, jossa he voivat nähdä ja elää todeksi jonkin kokemuksen, joka rikastuttaa ja muuttaa heitä. Videot tai multimedian käyttö voi todella tehdä palvonnasta parempaa tänä teknologisena ja visuaalisena aikakautena.

Sisustus
Ajatuksella valmisteltu sisustus tekee rakennuksesta kauniimman, mutta lisäksi se voi auttaa luomaan ympäristön, joka edistää palvontaa. Rakennuksen sisustus voi ilmaista Jumalan luontoa ja luonnetta. Lämpimät värit puhuvat Jumalan hyvyydestä, kirkkaat värit puhuvat Jumalan kirkkaudesta ja elämästä, vihreän sävyt puhuvat Jumalan levosta ja hänen luonnollisesta maailmastaan ja niin edelleen.

Lava ja istuimet
Se, miten lava ja istuimet on asetettu saliin, voi joko hyödyttää tai haitata palvontakokemusta. Teatterityylinen asettelu tekee yleisölle helpommaksi osallistua saarnaan, opetukseen ja ylistykseen. Siirreltävät tuolit taas auttavat muokkaamaan huoneen sopivammaksi kanssakäymiseen ja yhteyden

Palvonta Hengessä ja totuudessa

kokemiseen. Tällaiset asiat täytyy miettiä tarkkaan ja luovasti loppuun asti, jotta seurakunnan palvontakokemus olisi mahdollisimman moninainen.

Vaarojen välttäminen
Taide voi olla vaarallista. Se voi sekä järkyttää että rohkaista. Se voi sekä nuhdella että valaista. Nämä ovat hyviä asioita. Taide voi kuitenkin myös vietellä ja johtaa harhaan. Ei ole lainkaan yllättävää, että sielunvihollinen on tunkeutunut tähän kulttuurin puoleen. Hän tietää, että taiteiden kautta hän voi vakuuttaa sydämen, sokaista silmät ja taivuttaa ihmisten tahdon. Taiteen muotoon puetut valheet ovat hyvin tavanomaisia maailman yhteiskunnissa. Seurakunnan täytyykin olla tarkkana niiden vaarojen suhteen, jotka tuntuvat kuuluvan luonnollisena osana siihen, kun taiteita valjastetaan Jumalan palvelemiseen.

Epäjumalanpalvonta
Suosio, jolla jotkut taidemuodot suhtautuvat itseensä ja joilla joihinkin taidemuotoihin suhtaudutaan, sekä se, kuinka paljon suosiota menestyksekkäät artistit saavat maailmassa osakseen, lähentelee joskus jo epäjumalanpalvontaa. Myöskään seurakunnassa harjoitettu taide ei ole turvassa tältä vaaralta. Meidän tulee suojautua tältä vaaralta niin, ettemme koskaan anna taiteen tai taitelijoiden ottaa Jumalan Hengen paikkaa elämässämme tai tavassa, jolla palvelemme Jumalaa. Yksi erityisen vaikea alue on Jumalan esittäminen kuvina. Jumala on Henki, eikä Hengestä voida tehdä kuvaa ilman, että jotakin hänen olemuksestaan viedään pois. Jumalaa kuvaavien epäjumalankuvien tekeminen ja käyttö palvonnassa rikkoo toista käskyä – kuten osassa 3 havaittiin. Kuningas Jerobeam teetti kaksi kultaista sonnipatsasta ja laittoi toisen niistä Daniin ja toisen Beteliin. Hän teki tämän saadakseen juuri perustetun pohjoisen Israelin valtakuntansa ihmiset jättämään Jerusalemissa olevan temppelin. Kohta 1. Kun. 12:25–31 antaa ymmärtää, ettei hän välttämättä tarkoittanut näitä patsaita

Palvonta ja luovuus

epäjumalankuviksi tai Jumalaa kuvaaviksi patsaiksi, mutta hän halusi, että ihmisillä olisi jokin konkreettinen tunnus, jolla hän saisi pidettyä alamaistensa huomion. Tämä oli kuitenkin syntiä aiheuttava kompastuskivi Israelin kansalle, ja Herran profeetat tuomitsivat sen useiden seuraavien sukupolvien ajan. Hyvä esimerkki tästä on koko Hoosean kirja sekä muu profeetallinen tuomitseminen, jota löytyy esimerkiksi kohdista Jes. 2:8; Jer. 50:2; Hes. 6:4–6; Miika 1:7; Hab. 2:18 ja Sak. 13:2.

Se miten helposti epäjumalanpalvonta kiinnittyy ihmissydämeen, voidaan havaita kohdista Tuom. 8:27, 17:5 ja 2. Kun. 18:4. Jeremian kirjan jakeet 7:1–15 taas osoittavat, että jopa temppelistä tuli jollakin tapaa epäjumala. Ihmiset pitivät siitä taikauskoisesti kiinni ja uskoivat, että he voisivat luottaa sen olevan kuin "talismaani", joka varjelisi heitä maahan hyökkäävien armeijoiden aiheuttamalta tuholta. Taidetta ei koskaan saa käyttää epäjumalanpalvontaan liittyvänä palvonnan apukeinona.

Kulttuurillinen getto
Toinen vältettävä vaara on taiteen käyttäminen kristillisen geton tai kristillisen alakulttuurin synnyttämiseen. Toisin sanoen meidän ei tule luovuttaa taidetta paholaiselle maailman mittakaavassa. Vaikka meidän tulee hyödyntää taidetta seurakunnan sisällä, meidän tulee lisäksi käyttää taidettamme seurakunnan ulkopuolella ja antaa kaikilla tavoin osamme ympäröivään kulttuuriimme. Osassa 2 käsiteltiin sitä tosiseikkaa, että aito raamatullinen palvonta kattaa kaikki elämän osa-alueet – Jeesus on Herra kaikilla elämän osa-alueilla, ei ainoastaan niin kutsutuilla "uskonnollisilla" osa-alueilla. Samoin meidän ei tule kehittää ajatusta "pyhästä" taiteesta vastakohtana "maalliselle" taiteelle. Tällainen ajattelutapa luovuttaa "maallisen" taiteen pahan voimille, mutta lisäksi se vie huolestuttavan lähelle sitä, että sivuutamme velvoitteemme toimia suolana ja valona maailmassa. Meidän tulee antaa kristillisille taiteilijoillemme vapaus kehittää taidettaan maailmassa eikä odottaa heidän aina toteuttavan taidettaan

Palvonta Hengessä ja totuudessa

vain jumalanpalveluksiin sopivilla tavoilla. Tämä on toinen tapa sanoa, että palvonta on tarkoitettu koko elämää varten, ei vain seurakunnan jumalanpalveluksiin! Kristitty kirjailija tai muusikko on aivan yhtä lailla Jumalan palvelija silloin, kun hänen taiteensa käsittelee tavanomaisia elämäntilanteita, kuin silloin, kun hän kertoo evankeliumia sisältäviä tarinoita tai laulaa lauluja, joilla on hengellinen sanoma – mikäli hän siis vain on sitä tehdessään uskollinen kristilliselle uskolleen!

Aistillisuus
Koska taiteeseen yleensä kuuluu fyysisten aistien käyttö, sitä voidaan myös käyttää vääränlaisen aistillisuuden esiin tuomiseen. Aistillisuus itsessään on Jumalan antama ihmiskunnan ominaisuus. Hän antoi meille viisi aistiamme ja niiden mukana kyvyn tunnistaa kauneutta ja arvostaa estetiikkaa. Vetovoima voi kuitenkin olla niin voimakasta, että se synnyttää vääränlaisen vastauksen ihmisten sydämessä. Esimerkiksi tanssiin käytetty ihmiskeho on esteettisesti kaunis Jumalan luomus. Tanssijoiden ja yleisön sydämissä oleva aistillisuus täytyy kuitenkin tutkia sen varmistamiseksi, että liha on ristiinnaulittu ja että Pyhälle Hengelle on annettu täysi vapaus. Aidosti Hengen innoittamalla taiteella ei koskaan ole niitä aistillisia sivuvaikutuksia, joita lihallinen taide tuottaa. Täydellinen antautuminen Jumalalle on ainoa tie eteenpäin.

Esiintyminen
Tämä vaara liittyy sydämen vaikuttimeen. "Esittävät taiteet" ovat aina tietyiltä osin esittäviä. Jos esiintyminen on kuitenkin ainoa vaikutin, silloin taiteesta tulee pelkkä esitys, näytös. Tämä rohkaisee reagoimaan vääränlaisella tavalla ja haittaa palvontakokemusta. Kaikki taidemuodot – olipa kyseessä sitten laulaminen, tanssiminen, musiikki tai draama – täytyy aina alistaa Pyhälle Hengelle ja antaa palvovana tekona Jumalalle. Tämä tappaa "esiintymisen hengen" ja antaa Jumalalle tilaa toimia sekä artistin/taiteilijan että hänen taidettaan arvostavien ihmisten elämässä. Kuten kirjassa

Palvonta ja luovuus

Jumalan hallintavalta havaittiin, meidän tulee muistaa, ettei esiintymisongelma koske ainoastaan taiteita tai taiteilijoita. Aina kun rukoilemme, paastoamme tai uhraamme Jumalalle, meidän tulee pitää huoli siitä, ettemme tee sitä esiintymisen hengessä saadaksemme muiden huomiota tai hyväksyntää. Se on vain ja ainoastaan Jumalalle.

Viihdyttäminen
Esiintymisen vaaraan liittyy läheisesti myös riski siitä, että palvontaan käytetystä taiteesta tulee pelkkää viihdettä. Tässäkin on ennen kaikkea kyse vaikuttimista. Jos artistit/taiteilijat haluavat vain saada huomiota tai tunnustusta itselleen, he esiintyvät ihmisjoukoille ja ihmisjoukot vastaavat pitämällä heidän taidettaan viihteenä. Viihteellä on kyllä oma paikkansa, mutta ei palvonnassa. Palvonta hengessä ja totuudessa tapahtuu aina Isää varten. Haluamme kirkastaa häntä, emme itseämme.

Häiriötekijät
Tämä vaara on oikeastaan yhteenveto kaikista vaaroista, jotka liittyvät taiteiden käyttämiseen palvonnassa. Jos taidetta ylikorostetaan luovassa palvonnassa, se kääntää huomiomme pois Jumalasta. Taiteen tulee täydentää Sanan julistusta ja opetusta – ei korvata sitä. Sen tulee johtaa meitä Jumalan läsnäoloon – ei siitä pois. Kirkkokunnilla on aina ollut vaikeuksia hyväksyä uusia palvonnan muotoja, ja lähes jokaista uutta aloitetta vastustetaan aluksi seurakunnissa. Alun vastustuksen jälkeen näistä uusista aloitteista tulee uusi normi, ja sama prosessi alkaa uudelleen alusta. Urut olivat aikoinaan pöyristyttävä uutuus seurakunnan palvontaelämässä. Nyt niitä pidetään osana hyvin perinteistä jumalanpalvelusta. Häiriötekijöissä ei siis ole kyse siitä, että meidän tulee suhtautua kielteisesti uudenlaisiin palvonnan muotoihin. Ne tarkoittavat sitä vastoin sitä, ettei mistään taidemuodosta saa tulla itsetarkoitus. Nykyään Pyhä Henki käyttää tanssia, draamaa, nykyaikaisten musikaalien tyyliä ja monen monia

Palvonta Hengessä ja totuudessa

muita taidemuotoja auttaakseen meitä palvomaan Jumalaa suuremmalla määrällä kauneutta, paloa ja voimaa. Aidosti Jumalalle alistettu taide ei koskaan ole häiriötekijä, eikä meidän tule pelätä antaa Jumalan käyttää kaikkea, mitä voimme hänelle tarjota, kun palvomme häntä hengessä ja totuudessa.

Lahja maailmalle
Osassa 2 tarkasteltiin roolia, joka palvonnalla on elämässämme seurakunnan jumalanpalvelusten ulkopuolella, ja havaittiin, että palvonta on tarkoitettu koko elämää varten. Eräässä mielessä kaikki, mitä teemme "kuin tekisimme sen Herralle", on palvontaa. Sama koskee kristillistä taidetta. Kun luovutamme taidemuotomme Herralle, emme ainoastaan kykene tekemään palvonnasta seurakunnassa entistä parempaa, vaan annamme taiteemme myös Jumalan lahjana maailmalle. Taiteemme kautta voimme välittää Jumalan kiinnostusta kadotettuja kohtaan, hänen myötätuntoaan kärsiviä kohtaan, hänen vihaansa epäoikeudenmukaisuutta kohtaa ja sitä, kuinka hän haluaa ihmisten löytävän itsensä ja täyttävän Jumalan antaman tarkoituksensa maan päällä. Tällä tavoin voimme todella vaikuttaa maailmaan – tätä tarvetta toimia aktiivisena osana yhteiskuntaa käsitellään Hengen miekka -kirjasarjan kirjan *Kadotettujen tavoittaminen* osassa 6.

Taiteilijoiden tulisi ennen kaikkea olla pyhittäytyneitä Isän palvojia. Tämä nostaa heidän työnsä uudelle luovuuden tasolle ja tuo Jumalan näkökulman heidän taidemuotoonsa. Taiteemme tulisi olla vähintään yhtä hyvää kuin maailman tarjoaman taiteen – tai jopa parempaa! Tähän liittyy profeetallinen valtuutus lohduttaa koeteltuja ja koetella niitä, jotka pysyvät vain omalla mukavuusvyöhykkeellään! Kaikki tämä on osa palvontaa hengessä ja totuudessa.

Osa 10

Pyhä Henki ja palvonta

Kirjassa *Jumalan kirkkaus seurakunnassa* havaitaan, että palvonta on koko kristillisen seurakunnan ylin ja kaikenkattava kutsumus. Maailmanlaajuinen seurakunta (ja sen jokainen paikallinen ilmenemismuoto) on ennen kaikkea kutsuttu olemaan palvova yhteisö. Jos palvonta hengessä ja totuudessa ei ole keskeisessä asemassa jokaisessa seurakunnassa, kaikki muukin toiminta on väistämättä vääränlaista.

Filippiläiskirjeen jakeessa 3:3 apostoli Paavali opettaa, että me palvomme Jumalaa "Jumalan Hengessä" (vrt. v. 1938 käännös). Vaikka vuoden 1992 käännöksessä sama onkin käännetty sanoilla "Hengen ohjaamina", tärkein seikka pysyy kuitenkin samana: todellinen palvonta on aina täysin riippuvaista Pyhästä Hengestä.

Ilman Hengen apua emme voi uhrata yhtäkään hyväksyttävää Isää palvovaa sanaa tai tekoa. Kuten kirjassa *Hengen tunteminen* havaitaan, juuri Henki innoittaa meitä ylistämään ja rukoilemaan, johtaa meitä totuuteen, saa meidät vakuuttumaan syntisyydestämme ja antaa meille lahjoja, joiden avulla voimme palvoa/palvella Jumalaa.

Paavalin tärkeimmät luvut koskien yhteisiä palvontahetkiä, 1. Korinttolaiskirjeen luvut 11–14, ovat täynnä kreikan kielen sanaa *oikodomeo*. Se tarkoittaa sanatarkasti "rakentaa talo", mutta on usein käännetty ilmauksella "tehdä/olla yhteiseksi parhaaksi". Jae 1. Kor. 14:26 antaa ymmärtää, että seurakunnan palvonnan jokaisen puolen tulisi olla ruumiin erillisten jäsenten rakennukseksi ja sitä kautta koko seurakunnan rakennukseksi.

Läpi tämän kirjan on havaittu, että palvonta on enemmän kuin vain hengellisten laulujen laulamista tai rukousten lausumista. Palvonta/palveleminen on kokonaisvaltainen

Palvonta Hengessä ja totuudessa

vastaus Jumalan aloitteeseen. Siihen kuuluu tapa, jolla annamme ruumiimme uhriksi palvellaksemme muita epäitsekkäällä tavalla, varojemme uhraaminen antamiseen ja vieraanvaraisuuteen sekä ylistyksemme uhraaminen lakkaamattomassa iloitsemisessa. Kaikki nämä tavat uhrata palvontaa/palvelemista täytyy antaa Hengessä tai Hengen ohjaamana *ja* niiden täytyy rakentaa Kristuksen seurakuntaa.

On kunnioitettavaa, että jotkut hengelliset johtajat haluavat pitää asiat yksinkertaisina ja helposti ymmärrettävinä, ja tämän seurauksena he pyrkivät myös pitämään nämä kaksi palvonnan puolta erillään. He opettavat, kuinka Henki ohjaa palvontaamme, ja – tästä melko erillään – he opettavat, kuinka palvontamme tulisi rakentaa seurakuntaa.

Tämä lähestymistapa saattaa kuitenkin antaa ymmärtää, etteivät nämä kaksi palvonnan puolta liity toisiinsa. Mutta Henki toimii useilla toisiaan täydentävillä tavoilla, joiden kaikkien yksinomainen tavoite on muovata seurakuntaa niin, että sen palvonta on *sekä* hyväksyttävää Jumalan silmissä *että* seurakunnan rakennukseksi. Tämä tarkoittaa, että Henki tekee palvonnassa muutakin kuin vain innoittaa laulun tai luo Jumalan läsnäolon ilmapiirin – Henki myös aina muovaa meitä yhteen rakkaudessa.

Henki luo ykseyttä
Psalmi 133 on ihana profeetallinen psalmi Jumalan kansasta ja Hengen ykseydestä. Siinä kerrotaan, kuinka ykseys on moraalisesti oikein ja kuinka se tuottaa iloa tunnetasolla. Lisäksi se liitetään siinä Hengen voiteluöljyyn ja Hengen taivaalliseen aamukasteeseen ja osoitetaan, että Jumala siunaa tämän Hengen ykseyden ikuisella elämällä.

Psalmi 133 on toiseksi viimeinen "matkalaulu", ja monet tutkijat uskovat, että Vanhan testamentin pyhiinvaeltajat saattoivat laulaa sitä matkansa loppuvaiheessa – ollessaan jo lähellä Jerusalemin temppeliä, jossa heidän oli juhlien aikaan määrä palvoa Jumalaansa uhreilla.

Pyhä Henki ja palvonta

Pyhiinvaeltajat jättivät kotinsa ja kylänsä yksin tai kahdestaan toisen henkilön kanssa ja kerääntyivät suuremmiksi ryhmiksi vasta matkalla kohdatessaan muita ihmisiä. Suositun perinteen mukaan tätä psalmia laulettiin juhlistamaan ykseyttä, jonka he olivat löytäneet ja josta he saivat nauttia Jumalassa, sekä yleisesti valmistautuakseen viettämään yhtä suurista juhlistaan.

Psalmi 133 viittaa siihen tärkeään totuuteen, että lähdemme liikkeelle kohti Jumalaa yksin, omassa henkilökohtaisessa uskossamme, ja että liikkumisemme kohti palvontaa on oman tahtomme teko. Se kuitenkin myös osoittaa, että Jumalalla on suurempia suunnitelmia: että hän tekee työtä rakentaakseen meitä yhdessä muiden kanssa, niin että lopulta uhraamme hänelle *yhteistä palvontaa*, joka perustuu Hengen aikaansaamalle ykseydelle.

Apostoli Paavali ei viittaa psalmiin 133 Efesolaiskirjeen jakeissa 4:1–16, mutta hän opettaa niissä samaa totuutta. Hän selittää, että Henki luo "ykseyttä moninaisuudesta" ja että on uskovien tehtävä säilyttää tämä ykseys eikä pilata sitä. Kuten niin moni muukin asia kristillisessä elämässä, vaikka ykseys on Jumalan armossaan antama lahja, meidän tehtävämme on tehdä kovasti töitä sen hyödyntämisen ja lisäämisen eteen.

On lähes mahdotonta ylikorostaa tätä Hengen tekemää työtä, sillä se on yksi Uuden testamentin tärkeimmistä teemoista ja seikka, joka selittää niin suurta osaa alkuseurakunnan elämästä ja opetuksesta. Esimerkiksi:

- ◆ yhdessä ruumiissa ei ole sijaa ihmisten erottelemiselle kansallisuuksien, sukupuolten, yhteiskuntaluokkien tai koulutustasojen perusteella – Kol. 3:11 ja Jaak. 2:1–4

- ◆ eri kansallisuuksien, yhteiskuntaluokkien ja kulttuurien välillä vallitsevat luonnolliset muurit ja luontainen vihamielisyys täytyy murtaa – Ef. 2:15

- ◆ ylpeilylle ja henkilökohtaiselle ylpeydelle ei ole aihetta, sillä kaikki on Jumalan antamaa lahjaa – 1. Kor. 4:7

Palvonta Hengessä ja totuudessa

- meidän täytyy tehdä kaikkemme, että ykseys ja keskusteluyhteys säilyisivät eri uskovien ryhmittymien välillä – Ap. t. 8, 15, 18:21, 20:16; Room. 15:26; 1. Kor. 16:1 ja 2. Kor. 8–9
- uskovien täytyy seistä yhdessä rintamassa ja palvella toisiaan – Fil. 1:27, 2:1–2 ja 4:1–3
- kellään uskovalla tai millään uskovien ryhmittymällä ei ole erityistä tietoa asioista – Kol. 1:26–28; 1. Joh. 2:20 ja 27.

Ykseys Antiokiassa

Antiokian seurakunta on loistava esimerkki Hengen aikaansaamasta ykseydestä. Jakeet Ap. t. 13:1–2 osoittavat, että tuossa seurakunnassa oli jaettu johtajuus ja että johtajissa oli sekä profeettoja että opettajia ja ylipäätään hyvin monenlaisia miehiä. Esimerkiksi:

- Barnabas oli rikas, maata omistava leeviläinen Kyprokselta
- Simeon oli mustaihoinen afrikkalainen
- Lukios oli Pohjois-Afrikassa hajallaan eläviä juutalaisia
- Menahem oli saanut koulutuksen kuningas Herodeksen hovissa
- Saul/Paavali oli fariseus, joka oli opiskellut Gamalielin oppilaana.

Tämä johtajien joukko on osoitus ykseydestä, jota vain Henki voi saada aikaan. Kristuksen tahto seurakuntaansa varten (Joh. 17:21) toteutui niin täydellisellä ja moninaisella tavalla tässä kirjavassa uskovien yhteisössä, että nämä uskovat olivat ensimmäisiä, joita alettiin kutsua "kristityiksi".

Antiokia oli Paavalin ensimmäinen kokemus kristillisestä johtajuudesta, ja vaikuttaa siltä, että se muovasi ja määritti hänen käsitystään ykseydestä. Tämä selittää, miksi hän oli niin vihainen ja huolissaan kuullessaan Korintin seurakunnan hajaannuksesta. Hän tiesi, että asioiden tulisi olla toisin ja että ne voisivat olla toisin.

Epäsopu Korintissa
Ensimmäisiä kolmea lukua Paavalin ensimmäisestä kirjeestä Korintin seurakunnalle hallitsee ykseyteen liittyvä käytännöllinen ongelma. Vaikuttaa siltä, että Korintin uskovat pitivät uskoaan pääosin älyllisenä asiana ja itseään tuomareina, joiden tehtävä oli arvioida laajemman seurakunnan johtajien eri painotuksia.

Luvuissa 1. Kor. 1–3 Paavali sanoo, ettei evankeliumi ole kuin filosofinen tieto ja etteivät evankeliumin opettajat ole paikasta toiseen matkaavia älykköjä. Pikemminkin he ovat yhteistyötä tekeviä työntekijöitä Jumalan viinitarhassa: yksi istuttaa, toinen kastelee, mutta Jumala yksin saa aikaan kasvun.

Näissä luvuissa Paavali tekee useita tärkeitä seikkoja selväksi. Nämä seikat korostavat Hengen luoman ykseyden ja seurakunnan (joka on pohjimmiltaan palvova yhteisö) välistä suhdetta:

- ◆ Seurakunta ei voi sallia hajaannusta yhtään sen enempää kuin Kristuskaan voi – 1:13
- ◆ Jumala on tehnyt seurakunnan temppeliksi, jossa Henki voi asua – 3:16
- ◆ Jumala saattaa turmioon jokaisen, joka yrittää turmella Jumalan temppelin kannustamalla epäsopuun – 3:17.

Samastamalla seurakunnan uudeksi temppeliksi Paavali antaa ymmärtää, että seurakunta on tehty palvomaan ja olemaan täynnä Jumalan läsnäoloa. Aivan kuten vanha temppeli oli erotettu Jumalan palvomista varten ja oli täynnä Jumalan kirkkautta uhraamisen aikana, samoin uusi temppeli, seurakunta, tehdään palvomista varten ja on tarkoitettu yhteisöksi, joka tuo julki Jumalan kirkkaan läsnäolon maailmassa ja maailmalle.

Jae 1. Piet. 2:5 kehittelee tätä "temppeli"-kielikuvaa pidemmälle, ja tätä tarkastellaan paremmin kirjassa

Palvonta Hengessä ja totuudessa

Jumalan kirkkaus seurakunnassa. Samankaltaisella tavalla myös Jeesuksen rukous ykseyden puolesta Johanneksen evankeliumin luvussa 17 rukoiltiin palvonnan asiayhteydessä – pääsiäisaterialla välittömästi sen jälkeen, kun Jeesus oli asettanut Herran aterian ja kertonut Pyhän Hengen työstä. Myös Paavalin vetoomus ykseyden puolesta 1. Korinttolaiskirjeen luvuissa 1–3 valmistelee maaperää hänen opetukselleen yhteisistä palvontahetkistä, Herran aterian vietosta ja Pyhän Hengen työstä palvonnassa.

Jos emme ymmärrä, että Jumala haluaa viedä meidät lähtökohtaisesta henkilökohtaisesta palvonnasta kohti yhteisen palvonnan päämäärää (ja jos emme toimi tässä asiassa hänen tahtonsa mukaisella tavalla) ja jos emme ymmärrä, kuinka äärettömän tärkeää Hengen työ on ykseyteen liittyen (ja jos emme tee kaikkeamme hänen tekemänsä työn säilyttämiseksi ja kasvattamiseksi), kaikki pyrkimyksemme palvoa Hengen innoittamalla tavalla menevät todennäköisesti hukkaan.

Hän tuo yhteyden

Henki ei ainoastaan luo ykseyttä, hän luo myös *koinoniaa*, yhteyttä tai yhteenkuuluvuutta – joka on tärkein käytännöntason merkki ykseydestä.

Koinoniaa käsitellään laajemmin kirjassa *Jumalan kirkkaus seurakunnassa* – jossa havaitaan, että raamatullinen "yhteys" tai "yhteenkuuluvuus" tarkoittaa sanatarkasti "osallisuutta" ja että siihen kuuluu "osallisena oleminen johonkin", "osansa antaminen johonkin" ja "jonkin jakaminen jonkun toisen kanssa".

Jakeissa 2. Kor. 13:14 ja Fil. 2:1 mainitaan "Hengen *koinonia*". Tämä voi tarkoittaa "Hengen antamaa osallisuutta" tai "osallisuutta Hengessä": nämä kaksi tulkintaa eivät ole kaukana toisistaan, sillä Henki antaa osuuden itsestään jokaiselle uskovalle. Yhteys, jota saamme nauttia toisten uskovien kanssa, pohjautuu siis sille, että olemme yhdessä osallisia Pyhään Henkeen.

Pyhä Henki ja palvonta

Apostolien tekojen kohdat 2:42–47 ja 4:32–37 ovat Raamatun paras esimerkki Hengen luomasta osallisuudesta. Uudet uskovat todella omistautuivat "yhteydelle", ja tämä näkyi niin merkittävällä tavalla siinä, kuinka he uhrasivat omaisuutensa ja kuinka he uhrasivat jatkuvaa iloitsemista, että suuri joukko ihmisiä kiinnostui uskosta.

Voidaan sanoa, että tapa jolla uskovat ilmaisivat yhteyttään, vaikutti siihen tapaan, jolla he palvoivat. Lisäksi se rakensi seurakuntaa. Samankaltaista osallisuuden ilmaisemista voidaan havaita myös kohdassa Ap. t. 11:27–30.

Henki tekee palvonnan mahdolliseksi

Apostolien tekojen kirja osoittaa, että Henki johdatti ensimmäiset uskovat hämmästyttäviin syvyyksiin palvonnassaan. Nämä uskovat nauttivat Herran ateriaa kodeissaan, he söivät yhdessä suurella ilolla ja heidän ominaispiirteensä oli, että he ylistivät Jumalaa – jopa silloin, kun heitä uhattiin tai kun heidät oli vangittu. Kohdat Ap. t. 2:47 ja 3:8–9 osoittavat, että ylistys ja palvonta olivat erityistä ja välitöntä seurausta Hengen työstä näiden uskovien elämässä.

Kuten osassa 5 havaittiin, uskovat ottivat osaa temppelin muodollisiin palvontamenoihin, vapaamuotoisiin kokoontumisiin kodeissa, säännöllisiin yhteisiin palvontahetkiin synagogissa ja ulkona järjestettyihin rukouskokouksiin.

Aina kun Apostolien teoissa kerrotaan uskovien itsensä järjestämistä palvontahetkistä (juutalaisuudesta jakautumisen jälkeen), myös Pyhä Henki mainitaan poikkeuksetta. Esimerkiksi kohdassa Ap. t. 4:23–31 kerrotaan, kuinka (sen jälkeen kun Pietari ja Johannes palasivat ja kertoivat neuvostolta saamansa ohjeet) seurakunta antautui välittömästi rukoukseen – sen sijaan että se olisi alkanut protestoida tai ryhtynyt käytännöntoimiin. Uskovat pohjasivat rukouksensa psalmin 2 ympärille, ja Pyhä Henki ilmestyi epätavallisessa voimassa heidän rukoillessaan ja palvoessaan Jumalaa.

Jakeissa Ap. t. 13:1–3 taas, juuri ennen ensimmäistä lähetysmatkaa, Antiokian seurakunta tuli yhteen palvomaan ja

Palvonta Hengessä ja totuudessa

osoitti paastoamalla, että se suhtautui palvontaan vakavasti. Juuri tässä asiayhteydessä Henki ilmoitti johdatuksensa ja kutsui Barnabaksen ja Paavalin palveluksen työhön. Jälleen kerran voidaan havaita tuttu Raamatun periaate, että käytännöllinen palveleminen kumpuaa hengellisestä palvonnasta.

Sama ilmenee Paavalin kirjeistä. Hän tekee esimerkiksi jakeessa 1. Kor. 14:25 selväksi, että ihmiset, jotka vierailevat seurakunnan yhteisissä palvontahetkissä (sellaisissa jumalanpalveluksissa, joissa jäsenet ovat avoimia Hengelle ja antavat hänen puhua kauttaan), tunnistavat, että Jumala on läsnä, ja tämä saa heidät palvomaan. Voidaan myös sanoa, että Ilmestyskirja kumpuaa siitä, kun Johannes on Hengessä Herran päivänä – varmastikin juuri palvonnan ilmapiirissä.

Hän innoittaa kirjoitukset

Se että Henki innoittaa kirjoitukset, liittyy hyvin läheisesti hänen kykyynsä tehdä palvonta mahdolliseksi.

Kuten on havaittu läpi tämän *Hengen miekka* -kirjasarjan, Vanhan testamentin profeetat sanoivat olevansa Jumalan Hengen lähettämiä ja innoittamia. Jeesus vahvisti jakeessa Mark. 12:36, että Henki oli innoittanut psalmin 110, ja jakeet Ap. t. 1:16, 4:25 sekä 2. Tim. 3:16 ilmoittavat selvästi, että Vanha testamentti on Hengen työtä.

Kohdat 1. Piet. 1:10–12 ja 2. Piet. 1:20–21 ovat Raamatun selvimmät selitykset siitä, millainen innoituksen prosessi on. Jakeissa 2. Piet. 1:20–21 käytetään kreikkalaista kielikuvaa, joka viittaa tapaan, jolla tuuli kuljettaa purjevenettä. Profeetat nostivat "purjeensa" Pyhälle Hengelle – he olivat tarkkaavaisia, vastaanottavaisia ja kuuliaisia – ja hän täytti heidät ja kuljetti heitä valitsemaansa suuntaan ja määränpäähän.

Tämä on klassinen esimerkki siitä kumppanuudesta Hengen kanssa, jota painotetaan kirjassa *Hengen tunteminen*. Henki teki yhteistyötä voideltujen miesten ja naisten kanssa, jotka olivat avoimia hänelle. Hän ei tukahduttanut heidän persoonallisuuttaan tai taustojaan ja käyttänyt heitä pelkkinä sanelukoneina. Sen sijaan hän kuiskaili ajatuksiaan heidän

Pyhä Henki ja palvonta

henkeensä ja he välittivät näitä ajatuksia muille ihmisille itselleen ominaisella tyylillä.

Ensimmäiset uskovat eivät kuitenkaan pelkästään muistelleet tapaa, jolla Henki oli innoittanut kirjoituksia menneisyydessä, eivätkä ainoastaan käyttäneet ylistyksessään ja palvonnassaan Hengen menneisyydessä antaman innoituksen hedelmää. He nimittäin tiesivät myös, että Jeesus oli luvannut Hengen heille – että hän oli luvannut, että Henki opettaisi heitä ja johtaisi heidät tuntemaan koko totuuden. Ja he tiesivät, että Henki oli johtanut heitä helluntaista lähtien.

Tästä seurasi, että sama Henki, joka oli innoittanut profeettoja puhumaan Jeesuksesta, innoitti myös uskovia heidän todistaessaan Jeesuksesta. Tämä on Pietarin tärkein ajatus jakeissa 1. Piet. 1:10–12 ja selittää, miksi hän asettaa Paavalin kirjeet samaan nippuun Vanhan testamentin kanssa jakeessa 2. Piet. 3:16.

Lisäksi tämä on se syy, miksi Paavali sanoi omaavansa Kristuksen mielen, julistavansa Jumalan sanaa ja opettavansa Hengen antamia totuuksia ja miksi hän pyysi, että hänen kirjeitään luettaisiin ääneen yhteisissä palvontahetkissä – 1. Kor. 2:13–16, 14:38; Kol. 4:16 ja 1. Tess. 2:13.

Kuten kirjoissa *Elävä usko* ja *Jumalan kuunteleminen* havaitaan, kirjoitukset ovat keskeisiä kaikkien elämän ja uskon osa-alueiden kannalta, ja tästä syystä Raamatun lukeminen onkin aina ollut tärkeä osa seurakunnan yksityistä ja yhteistä palvontaa.

Jotkut ihmiset syyttävät protestanttisia kristittyjä siitä, että nämä lähestulkoon palvovat Raamattua. Emme kuitenkaan käänny kirjoitusten puoleen palvoaksemme niitä – käännymme niiden puoleen, koska Henki, joka innoitti ne, voidaan myös kohdata niissä. Luemme niitä kuullaksemme häntä ja jotta hän muuttaisi meitä Kristuksen kaltaisuuteen – kuten Paavali selittää 2. Korinttilaiskirjeen jakeissa 3:1–18.

Palvonta Hengessä ja totuudessa

Henki rakentaa seurakuntaa

Vaikuttaa siltä, että Korintin seurakunta oli lahjakas ja taitava yhteisö. Se oli elävä, dynaaminen, vapaa, avoin, itsevarma ja raikas – ja silti se oli myös suuressa vaarassa.

Paavalin ensimmäisestä kirjeestä Korintin uskoville saa sen vaikutelman, että nämä uskovat toimivat kahdessa asiassa väärin. Vaikuttaa siltä, että he ajattelivat epätavallisten ja hallitsemattomien "hurmioituneiden" ilmausten olevan merkki Hengen läsnäolosta. Lisäksi vaikuttaa siltä, että he arvostivat kielillä puhuvia ihmisiä enemmän kuin niitä, jotka profetoivat tai opettivat.

Olettamalla, että hurmiotila – itsehillinnän menettäminen – oli varma merkki jumalallisesta innoituksesta he itse asiassa kielsivät Pyhän Hengen järkevyyden, persoonallisuuden ja moraalisuuden. He unohtivat, että hän oli Jeesuksen Henki, joka oli aina täysin hallinnassa.

Tämä hurmiollisten ilmenemismuotojen painottaminen vaikuttaisi saaneen korinttilaiset päättelemään, ettei heidän käyttäytymistavallaan ollut väliä silloin, kun tämä merkki jumalallisesta innoituksesta oli heidän yllään. Lisäksi se vaikuttaisi johtaneen liialliseen "individualismiin" (ne joilla ei ollut lahjaa olivat kateellisia, ja ne taas joilla oli, olivat ylpeitä) ja siihen, että heidän riippuvaisuutensa toisistaan oli saanut kolhuja ja oli syntynyt kilpailua ja hajaannusta.

Ensimmäisessä kirjeessään Korintin seurakunnalle Paavali käsittelee ensin hajaannusta ja ykseyttä sekä käytännöntason ongelmia, joita uskovilla oli palvonnassa ja Herran aterian vietossa, mutta näiden jälkeen, luvussa 12, Paavali pureutuu nimenomaan edellä mainittuun ongelmaan.

1. Korinttolaiskirjeen luku 12

Ensin Paavali muistuttaa Korintin uskovia siitä, että hurmiollinen puhe *ei ole* alun perin kristillistä. Heitä oli ennen kääntymystään "ajanut vastustamaton voima", kun he palvoivat vääriä jumalia ja osallistuivat pakanajuhliin. On mahdollista, että käyttämällä sanaa *apagomenoi* jakeessa 12:2 Paavali sanoo, että he olivat

Pyhä Henki ja palvonta

olleet demonien riivaamia ja olivat "irtautuneet itsestään" ja puhuneet hurmiossa palvoessaan mykkiä epäjumalia.

Ei ole helppoa ymmärtää, mitä Paavali tarkoittaa jakeessa 12:3. Voi olla, että hän asettaa vastakkain Hengen innoittaman ylistyksen seurakunnan kokoontumisissa ja riivaajien innoittamat huudot pakanajumalien alttareilla. Tai hän saattaa tarkoittaa, että joku oli Korintin seurakunnan palvontahetkessä huutanut "Jeesus on kirottu" ja että tätä oli pidetty Hengen innoittamana puheena. Missä tämä huuto sitten olikaan lausuttu, Paavali käyttää sitä tärkeän seikan opettamiseen.

Olennaisin merkki Hengen läsnäolosta palvonnassa on tunnustus "Jeesus on Herra". Tämä osoittaa, että perustapa koetella, onko jokin väittämä Hengen innoittama vai ei, on tarkastella, onko se sisällöltään kristuskeskeistä ja Kristusta kunnioittavaa. Paavali toistaa tässä yksinkertaisesti samoja seikkoja, joita hän painotti jo luvuissa 3–4 – että Henki todistaa historiallisesta Jeesuksesta, joka on koko maailmankaikkeuden Herra, ja että Hengen läsnäolosta todistava merkki on Jeesuksen ehdottoman herruuden yksiselitteinen julistaminen.

Jakeissa 1. Kor. 12:4–6 Paavali asettaa vastakkain erilaiset lahjat ja sen, että niiden antaja on sama. Hän osoittaa, että yksi ja sama Jumala toimii kolmella eri tapaa:

◆ *charismata*, armolahjat, liittyvät Pyhään Henkeen

◆ *diakonion*, palvelutehtävät, liittyvät Poika-Jeesukseen

◆ *energemata*, tarvittava valtuutus, tulee Isä-Jumalalta.

Tämä todistaa, että kaikki hengelliset lahjat saadaan ylimmältä armon Lahjalta: ne eivät ole omaisuutta, jota voidaan käyttää itse haluamalla tavalla, eivätkä ne ole palkkioita hyvästä käytöksestä. Sen sijaan ne ovat apuvälineitä, jotka on tarkoitettu *diakoniaa*, muiden palvelemista, varten hänen mallinsa mukaisesti – hänen, joka oli voideltu Hengellä ilman määrää ja joka oli jalkoja pesevä Jumalan Palvelija.

Kun tämä palveleminen on tehokasta, kun se auttaa muita, parantaa muita ja rakentaa muita, se ei ole oman

Palvonta Hengessä ja totuudessa

pyhyytemme tai omien lahjojemme ansiota: se on *ainoastaan* sen valtuutuksen ansiota, jonka Isä-Jumala on antanut.

Jakeissa 7–11 Paavali vie väitettään vielä pidemmälle kertomalla korinttilaisille, että Henki antaa erilaisia lahjoja *jokaiselle* seurakunnan jäsenelle ja että vaikka nämä lahjat ilmenevät eri tavoin, ne on kaikki tarkoitettu yhteiseksi parhaaksi. Näitä hengellisiä lahjoja käsitellään yksityiskohtaisemmin kirjoissa *Hengen tunteminen* ja *Palveleminen Hengessä*.

Näissä jakeissa Paavali määrittää toisen, ensimmäistä täydentävän, totuuden koskien niitä kriteereitä, joilla jokin voidaan tunnistaa Hengen työksi. Jakeessa 3 hän osoittaa, että meidän tulee kysyä:

◆ Viittaako julistus päivänselvästi siihen, että Jeesus on Herra?

Ja jakeessa 7 hän paljastaa, että meidän tulee lisäksi kysyä:

◆ Hyödyntääkö ja rakentaako kyseinen ilmenemismuoto seurakuntaa?

Meidän on ehdottoman välttämätöntä ymmärtää, että julistuksen sisältö ja sen seuraukset Jumalan kansan muodostamalle yhteisölle ovat kaksi kaikkein tärkeintä testiä ja mittaria ihmisten sanojen, väitteiden, kokemusten ja toiminnan arvioimiseksi.

Näissä äärimmäisen tärkeissä jakeissa Paavali selventää, että Hengen ykseys toimii useiden erilaisten lahjojen kautta, ja hän pohjaa tämän Jumalan luonnolle ja työlle. Koska Jumala itse on "ykseys moninaisuudessa" (tätä käsitellään kirjassa *Isän tunteminen*) ja koska hän on ilmoittanut itsensä tällä tapaa kaikissa luovissa ja pelastavissa teoissaan kautta historian, samoin seurakuntakin väistämättä ilmaisee hänen jumalallista "ykseyttään moninaisuudessa" silloin, kun hän on läsnä ja toimii.

Yksi Jumala on lähde kaikille eri Yhden Hengen ilmenemismuodoille Yhden Pojan ruumiissa. Näitä ilmenemismuotoja kutsutaan nimellä *energemata*, kun painotus on sillä, mitä Jumala tekee voimassaan – kuten jakeissa 6 ja 10 – nimellä

Pyhä Henki ja palvonta

charismata, kun painotetaan sitä armontäyteistä lahjaa, jonka hän kaikkivaltiudessaan antaa – kuten jakeissa 4, 9 ja 28 – ja nimellä *diakonion* muistuttamaan meitä siitä, että kaikki lahjat ja kaikki Jumalan antama valtuutus on tarkoitettu muiden palvelemiseksi.

Ruumis

Jakeesta 12 kyseisen luvun loppuun Paavali käyttää kielikuvaa seurakunnasta "Kristuksen ruumiina" selvittääkseen lisää sitä, mikä tarkoitus Hengen lahjoilla on.

Isä-Jumala määrää paikkamme Kristuksen ruumiissa ja antaa meille ne lahjat, joita tarvitsemme meille määrätyn tehtävän suorittamiseen – j. 18, 24 ja 28. Ja Pyhä Henki taas tekee meistä tuon ruumiin jäseniä – j. 13.

Paavali sanoo, että kaikki uskovat on kastettu yhdessä Hengessä yhden ruumiin jäseniksi. Joillakin on vaikuttavampia lahjoja kuin toisilla, mutta kaikki on upotettu Pyhään Henkeen ja hänet on vuodatettu kaikkien elämään.

Jae 12 on erityisen tärkeä. Kun Paavali sanoo, että sillä niin kuin ruumis on yksi ja siinä on monta jäsentä, mutta kaikki ruumiin jäsenet, vaikka niitä on monta, ovat yksi ruumis, hän ei sano, että *niin on seurakuntakin* – vaan *niin on Kristuskin*.

Seurakunta ei ole inhimillinen yhteisö – se on ruumiillistuma kaikesta, mitä Jeesus on. Mitä kaikkea seurakunta sitten onkaan ja mitä kaikkea se tekeekään, se on ja tekee kaiken Jeesuksen voiman, läsnäolon ja toiminnan seurauksena. Juuri häneen kaikki uskovat on liitetty, ja tästä syystä Paavalin lempisanonta uskovista on, että he ovat "Kristuksessa".

Paavali selittää korinttilaisille, että uskovien erilaisuus johtuu siitä, että Kristus on heissä ja he ovat Kristuksessa ja että uskovat eivät kuulu seurakunnalle vaan nimenomaan Kristukselle. Hän osoittaa heille, ettei heidän hajottava henkensä vaikuta ensisijaisesti seurakunnan sopusointuun vaan ennen kaikkea itse Kristukseen.

Seuraavaksi Paavali käsittelee kahta yleistä taipumusta Kristuksen ruumiissa. Jakeissa 14–20 Paavali rohkaisee niitä,

Palvonta Hengessä ja totuudessa

jotka kokevat olevansa ruumiin *alempiarvoisia* jäseniä, ja selittää, että kaikki jäsenet ovat riippuvaisia toisistaan ja yhtä tärkeitä. Jakeissa 21–26 hän taas oikaisee niitä, jotka kärsivät *ylemmyys*kompleksista. Jos joku katsoo alaspäin niitä jäseniä, joilla on vähemmän vaikuttavia lahjoja ja tehtäviä, koko ruumis köyhtyy.

Läpi tämän luvun Paavalin päätarkoitus on opettaa korinttilaisille, että on koko seurakunnan häviöksi, jos kaikki jäsenet eivät saa mahdollisuutta tehdä omaa Jumalan antamaa osuuttaan seurakunnan palvonnassa ja palvelemisessa. Korinttilaisten täytyi oppia, etteivät he olleet erillisiä "Kristuksia", joilla oli kaikki lahjat, vaan yhdessä muiden kanssa sellaisia jäseniä Kristuksessa, joilla on joitakin lahjoja. Yksikään uskova ei ole turha eikä yksikään uskova riitä yksinään: me kaikki tarvitsemme toisiamme Kristuksen ruumiissa.

Rakkaus
Tässä kohtaa Paavali kirjoittaa paremmasta tavasta, *agape*-rakkaudesta. Paavalin mukaan rakkaus on suurin lahja, jonka Henki voi antaa seurakunnan palvonnan muuttamiseksi paremmaksi ja seurakunnan rakentamiseksi. Kaikki hänen muut arvokkaat lahjansa – kielillä puhuminen, profetoiminen, ihmeiden tekeminen, tiedon sanat, viisauden sanat ja niin edelleen – voivat toimia tehokkaasti vain tämän rakkauden kautta.

Rakkaus, josta Paavali kertoo 1. Korinttolaiskirjeen luvussa 13, ei ole sellaista, jota voitaisiin saada aikaa omalla yrittämisellä. Se voi tulla ainoastaan Pyhältä Hengeltä. Tätä Paavali painottaa myös Roomalaiskirjeen jakeessa 5:5.

Jokainen Hengen lahja on tärkeä palvonnan ja palvelemisen kannalta, mutta palvontaan ja palvelemiseen ei voi olla suurempaa lahjaa kuin rakkaus, josta Paavali kertoo 1. Korinttolaiskirjeen luvussa 13. Ja juuri tästä syystä Paavali opettaa rakkaudesta tässä välissä, keskellä opetustaan Pyhän Hengen lahjoista. Jos ihmiset eivät kohtaa uskovan kautta elävää ja rakastavaa Kristusta, ei ole mitään merkitystä sillä, vaikka tuolla

Pyhä Henki ja palvonta

uskovalla olisi profeetallista tietämystä, voima tehdä ihmeitä tai kyky rukoilla kielillä.

Vaikka palvoisimme säännöllisesti, juhlisimme luovasti, uhraisimme varoistamme, palvelisimme nöyrästi ja ylistäisimme innokkaasti, emme saavuta mitään kauaskantoista ja arvokasta, jos Jeesuksen epäitsekäs *agape*-rakkaus ei motivoi ja täytä meitä ja ohjaa kaikkea palvontaamme/palvelemistamme.

Tässä kauniissa luvussa Paavali asettaa vastakkain Jeesuksen rakkauden ja Korintin seurakunnan vajavuudet. Hän osoittaa, että Jeesuksen rakkaus on täysin päinvastaista kuin ne tunteet, joita korinttilaiset osoittivat:

- ylpeys hengellisistä kokemuksista, mikä sai heidät pöyhkeilemään – j. 4

- tiettyjen lahjojen painottaminen, mikä sai heidät tuntemaan joko ylpeyttä tai kateutta – j. 4

- itsekäs tapa käyttää erityisiä lahjoja omien tarpeiden tyydyttämiseen, mitä Paavali kutsuu ilmauksella "oman etsiminen" – j. 5.

Korinttilaiset halusivat aina vain parempia hengellisiä kokemuksia, mutta Paavali asetti heidän eteensä vielä paremman tavan: Jeesuksen rakkauden – Palvelijan, joka ei koskaan pöyhkeillyt eikä koskaan käyttänyt lahjojaan itsekkäästi. Jeesus teki kaiken aina Jumalan ja muiden ihmisten hyväksi.

Läpi tämän *Hengen miekka* -kirjasarjan on johdonmukaisesti havaittu, että juuri rakastava itsensä antaminen palvonnassa ja palvelemisessa oli Jeesuksen tapa, Hengen tapa ja – kuten Paavali osoittaa jakeissa 10–13 – myös seurakunnan tapa kerran taivaassa.

Kun kaikki profetiat ovat täyttyneet ja kaikki maanpäälliset lahjat täytetty, kun uskosta on tullut näkyvää ja toivosta kokemus, jäljelle jää vain *agape*-rakkaus. "Viimeisenä päivänä" ikuinen, maailmanlaajuinen Kristuksen ruumis on lopulta täysin yhtä ihailevassa palvonnassa ja omistautuneessa rakkaudessa – täydellinen palvonta ja palveleminen hengessä

Palvonta Hengessä ja totuudessa

ja totuudessa pääsee vihdoin alkamaan, eikä se koskaan pääty.

Taivaallinen palvonta
Läpi tämän kirjan on havaittu, että todellinen palvonta on Jumalan ikuinen sydämen toive kaikkia syntisiä ihmisiä varten. Isä on aikojen alusta lähtien aktiivisesti etsinyt syntisiä miehiä ja naisia, jotka haluavat olla hänen kansansa ja palvoa häntä hengessä ja totuudessa.

Jopa tälläkin hetkellä hän vetää uskovia yhteen ennen kaikkea palvomaan itseään. Hän edelleen vakuuttaa meille hellästi, että tämä on hänen hyvä ja täydellinen tahtonsa elämäämme varten.

Edellä tarkasteltiin Sananlaskujen kirjan lukua 8, joka vaikuttaa osoittavan, että Jumala on iloinnut itsessään ja itsensä kanssa koko ikuisuuden ajan – jo jopa ennen kuin hänen palvontansa vuosi luomakuntaan. Tämä tuntuu antavan ymmärtää, että koko luomakunta luotiin ensisijaisesti yhtymään tähän ennalta olemassa olleeseen taivaalliseen palvontaan ja sen myötä nauttimaan Jumalasta hänen läsnäolossaan ainaisesti.

Raamatussa on muitakin kohtia, jotka vaikuttavat osoittavan, että taivas on täynnä todellista palvontaa ja suurta iloa. Esimerkiksi:

- ◆ Jesajan kirjan jakeissa 6:1–3 kerrotaan siitä, kuinka enkelit iloitsevat taivaassa

- ◆ Hesekielin kirjan luvut 40–47 antavat ymmärtää, että taivaallinen palvonta on Jumalan kansan päämäärä

- ◆ Luukkaan evankeliumin jakeet 2:13–14 ilmoittavat taivaallisen sotaväen suuren ylistyksen

- ◆ Luukkaan evankeliumin jakeet 15:7 ja 10 osoittavat, että taivaassa iloitaan.

Nämä kohdat eivät kuitenkaan ole mitään verrattuna Ilmestyskirjan mahtaviin kuvauksiin, jotka tekevät Jumalan

Pyhä Henki ja palvonta

perimmäiset suunnitelmat täysin selviksi. Hän kokoaa meitä yhteen täydellisen palvonnan paikkaan, jossa elämme yhdessä hänen täydellisessä läsnäolossaan ainaisesti ja vietämme ikuisuuden iloiten yhdessä hänessä ja hänen kanssaan. Voidaan sanoa, että palvonta hengessä ja totuudessa ottaa osaa ja on esimakua palvonnasta taivaassa.

Palvonta Ilmestyskirjassa
Taivaallinen palvonta on kaikkien Ilmestyskirjan näkyjen taustalla ja asiayhteys, jossa ne kaikki esiintyvät. Meidän tulee pitää huoli siitä, ettemme keskity niin täysin apostoli Johanneksen näkyjen ymmärtämiseen oikein, että meiltä jää huomaamatta, mitä hän paljastaa taivaallisen palvonnan paikasta ja tärkeydestä.

Johannes puhuu taivaallisesta palvonnasta ensimmäisen kerran Ilmestyskirjan luvussa 4: jae 2 osoittaa, että tällainen palvonta voidaan tunnistaa ja sitä voidaan arvostaa ainoastaan Hengessä ja Hengen kautta. Jakeet 8–11 taas paljastavat, että kaikki taivaassa elää palvoakseen Jumalaa. Pitkälti samaa sanovat myös jakeet 5:8–14, 7:9–17, 11:15–19 ja 15:3–5.

Nämä tärkeät raamatunpaikat osoittavat, että taivaallinen palvonta sisältää muinaisia virsiä (15:3) ja täysin uusia lauluja (5:9), että se keskittyy täysin Jumalan persoonaan (4:8 ja 11, 5:9 ja 13, 7:12, 11:17, 15:3 sekä 16:5) ja että se juhlistaa sitä, mitä Jumala on tehnyt, mitä hän tekee ja mitä hän on luvannut tehdä (4:11, 5:9–10, 12 ja 13, 11:17–18 sekä 15:4).

Erityisesti Ilmestyskirja paljastaa, että taivaallinen palvonta painottuu kahden merkittävän palvonnan teeman ympärille:

◆ luomisen – Ilm. 4:11

◆ pelastuksen – Ilm. 5:9.

Nämä kaksi teemaa esiintyvät toistuvasti läpi Raamatun, ja molemmat niistä paljastavat kaiken Jumalan persoonasta ja luonteesta – hänen voimastaan ja rakkaudestaan, hänen armostaan ja puhtaudestaan ja niin edelleen. Koska Jumala ilmoittaa itsensä suurten tekojensa kautta, me koemme

Palvonta Hengessä ja totuudessa

hänet sellaisena kuin hän on, kun palvomme häntä Luojana ja Pelastajana hänen läsnäolossaan.

Koska *luomakunta* on pohjimmiltaan Jumalan omaa ylitsevuotanutta palvontaa, Jumalan palvominen luojana on aina ollut palvonnan ytimessä. Luomakunta on näkyvä todiste Jumalan voimasta ja vallasta sekä todiste hänen ainutlaatuisuudestaan ja ylivertaisuudestaan. Juuri luomakunnan kautta Jumalan kansa kykeni Vanhassa testamentissa tunnistamaan, että Jumala oli ainoa Jumala ja että muut jumalat olivat vain voimattomia epäjumalia.

Juutalaiset oli kutsuttu palvomaan yhtä Jumalaa, koska he tiesivät luomakunnan kautta, että oli olemassa vain yksi Jumala. Tämän tiedon oli myös määrä määrittää, kuinka he elivät ja palvelivat. Jumalaa ylistetään luojana monissa psalmeissa, ja hänen luomistyönsä ja jumalallinen luovuutensa – jotka nähdään uudelleen uudessa taivaassa ja uudessa maassa – ovat tärkeä teema, kun puhutaan taivaallisesta palvonnasta.

Monet nykyuskovat unohtavat laulaa luomakunnan laulua – he eivät siis palvo Jumalaa luojana. He keskittyvät palvonnassaan lähes yksinomaan Jumalan pelastustyöhön. Isän lunastustyö liittyy kuitenkin erottamattomasti yhteen hänen luomistyönsä kanssa (hänellä on oikeus lunastaa vain, koska kyseessä on hänen luomakuntansa). Emme voikaan siksi ymmärtää lunastusta oikein, jos emme tunnista tätä tärkeää lunastuksen ja luomisen välistä yhteyttä. Tätä käsitellään kirjassa *Isän tunteminen.*

Vanhassa testamentissa Israelin kansa tiesi, että Jumala toimi lakkaamatta kansan pelastamiseksi sen vihollisilta, nälänhädältä, taudeilta ja monelta muulta. Ihmiset tiesivät, että *Jahve* oli heidän Pelastajansa ja että heidän olemassaolonsa kansana oli riippuvaista hänen suurista pelastustöistään. Erityisesti heidän pelastumisensa Egyptin orjuudesta oli perustavanlaatuinen seikka sen kannalta, millaisena he tunsivat Jumalan, ja "Mooseksen laulu" 2. Mooseksen kirjan jakeissa 15:1–21 oli heidän selvin tapansa ilmaista palvontaa

Pyhä Henki ja palvonta

Jumalalle Pelastajana. Juuri tämä on myös se virsi, jota vieläkin lauletaan taivaassa – kuten Ilmestyskirja osoittaa.

Me kuitenkin tiedämme, että Jumala on tehnyt vielä juutalaista pääsiäisihmettäkin suuremman pelastusteon kansansa hyväksi. Ristillä Jeesuksesta tuli koko maailman Pelastaja, hän vapautti meidät synnin orjuudesta ja kukisti lopullisesti vihollisemme. Tästä on tullut lukuisten, aikojen saatossa laulettujen pelastuslaulujen teema, ja se on myös uusien taivaallisten laulujen teema (Ilm. 1:5–6 ja 5:9–14).

Yksin ja yhdessä

Ilmestyskirjan paljastavin seikka koskien taivaallista palvontaa on se, että taivaalliset palvojat esitetään siinä johdonmukaisesti sekä täysin erillisinä yksilöinä että täysin yhtenä yhteisenä joukkona.

Esimerkiksi jakeissa Ilm. 5:11–13 kerrotaan, että "kymmenentuhatta kertaa kymmenentuhatta ja tuhat kertaa tuhat" sekä "jokainen luotu, joka on taivaassa ja maan päällä ja maan alla" (englanninkielistä raamatunkäännöstä mukaillen, suom. huom.) tulevat yhteen ja palvovat yhdessä. He säilyttävät oman yksilöllisyytensä, mutta Henki on tuonut heidät palvovan ykseyden huipentumaksi.

Sama voidaan havaita myös jakeissa Ilm. 7:9–10, joissa kerrotaan, kuinka "suuri joukko, jota ei kukaan voinut lukea, kaikista kansanheimoista ja sukukunnista ja kansoista ja kielistä" seisoo valtaistuimen edessä ja ylistää Jumalaa. Ihmisten yksilölliset, kansalliset, sukukuntiin liittyvät ja kielelliset eroavaisuudet ovat edelleen ilmeisiä, mutta he ovat yhtä ylistäessään ja palvoessaan Jumalaa. He uhraavat ylistystä ja palvontaa itse omassa persoonassaan, mutta tuo ylistys ja palvonta ilmenee heidän Hengen luoman yhteisen ykseytensä kautta.

Tämä on meidänkin päämäärämme: olla ikuisia palvojia, jotka ovat läpikotaisin omia persooniaan mutta samalla täysin yhtä kaikkien muiden palvojien kanssa. Kuten Israelin kansaa ensimmäisen temppelin aikaan, Jumalan armo on vetänyt

Palvonta Hengessä ja totuudessa

meitäkin hänen puoleensa. Uskossa olemme lähteneet liikkeelle henkilökohtaiselle pyhiinvaellusmatkalle häntä kohti, mutta huomanneet sitten, että Jumala kokoaa meitä yhteen muiden alueemme uskovien kanssa.

Yhdessä heidän kanssaan kuljemme kohti häntä, opettelemme palvomaan ja palvelemaan yhdessä, alamme ymmärtää riippuvuuttamme toisistamme yhden ruumiin jäseninä, kamppailemme toisinaan jännitteiden kanssa mutta teemme työtä Hengen ykseyden säilyttämisen eteen.

Samalla edessämme on aina suuri lopullinen päämäärä: ainainen taivaallinen palvonta Jumalan läheisessä läsnäolossa. Jumala on aina ennen kaikkea halunnut, että mekin voisimme nauttia hänestä samalla tapaa ja yhtä intensiivisesti kuin Jumalan persoonat iloitsivat toisissaan, kuten luettiin Sananlaskujen kirjan luvussa 8.

Jumala, joka on yksilöllinen mutta moninainen, yksi mutta enemmän kuin yksi, vetää meitä tällaiseen täysin samanlaiseen yksilöllisen mutta yhteisöllisen ilon tuomaan mielihyvään. Suuressa armossaan ja laupeudessaan Isä etsii vielä useampia miehiä ja naisia, jotka palvovat häntä hengessä ja totuudessa ja jotka saavat nauttia hänen ihmeellisestä läsnäolostaan ainaisesti.

www.ingramcontent.com/pod-product-compliance
Lightning Source LLC
Chambersburg PA
CBHW031113080526
44587CB00011B/955